대답하는 법이 인생을 바꾼다.
모든 성공을 결정하는 것은 '질문하는 법'보다 '대답하는 법'이다.

어려운 질문
애매한 질문
중요한 질문
어떻게 대답해야 좋을까

어려운 질문 애매한 질문 중요한 질문
어떻게 대답해야 좋을까

초판 1쇄 발행 2018년 3월 28일
초판 3쇄 발행 2019년 10월 1일

지은이 윌리엄 반스, 간다 후사에
옮긴이 백운숙

펴낸이 이성용
디자인 mmato

펴낸곳 빈티지하우스
주　소 서울시 마포구 양화로 11길 46 504호 (서교동, 남성빌딩)
전　화 02-355-2696 **팩　스** 02-6442-2696
이메일 vintagehouse_book@naver.com
등　록 제 2017-000161호 (2017년 6월 15일)

ISBN 979-11-961326-8-2 13320

- 이 책 내용의 전부 또는 일부를 사용하려면 반드시 저작권자와 빈티지하우스의 서면동의를 받아야 합니다.
- 빈티지하우스는 독자 여러분의 투고를 기다리고 있습니다.
  책으로 펴내고 싶은 원고나 제안을 이메일(vintagehouse_book@naver.com)으로 보내주세요.
- 파손된 책은 구입하신 서점에서 교환해 드리며 책값은 뒤표지에 있습니다.

윌리엄 반스·간도 후사에 지음
백운숙 옮김

빈티지하우스
VINTAGE HOUSE

우리는 질문에 대답하는 법을 모른다.

다른 많은 문제가 있겠지만, 이것이 우리가 가진 가장 심각한 문제다.

물론 사람들은 질문에 대답할 때 본질적인 정보를 제공해야 한다는 사실을 이미 알고 있다. 하지만 이를 행동으로 옮기지 않으면 프로젝트나 대인관계, 궁극적으로는 세상을 더욱 긍정적으로 이끌 기회를 미처 깨닫지도 못한 채 잃게 된다.

남극부터 아프리카, 아이슬란드에 이르기까지 85개국 2만 5,000명이 넘는 사람들에게 커뮤니케이션을 20년 넘게 지도했다. 그들은 환경, 의료, 금융, IT, 컨설팅, 비영리단체, 정부기관 등 다양한 분야에 종사하는, 커뮤니케이션 영향력을 극대화하고 싶어 하는 평범한 직장인들이었다.

나는 이런 경험과 분석을 바탕으로 단순하면서도 효과적인

'최강의 대답법'을 발견했다. 특히 이 방법은 동양인들의 커뮤니케이션 능력을 눈에 띄게 향상시켰다.

나는 이 막강한 대답법을 "질문을 '리프(leap)'하는 기술"이라고 부른다.

'리프'란 점프(jump)나 홉(hop)처럼 ① '뛴다'는 뜻인데, 점프나 홉보다 조금 더 높고 멀리 뛸 때 주로 사용한다. 주로 ② '미래의 발전과 성공을 향해 뛰어오르는 행동'을 가리킨다. 1969년 7월 29일 아폴로11호의 선장 닐 암스트롱이 인류 최초로 달 표면에 첫발을 내디뎠을 때처럼 미래지향적이고, 용감하며, 마음을 울리면서도 완전히 새로운 가능성을 열어주는 행동으로 특정할 수 있다.

이 책에서 말하는 '리프'는 ①, ②의 뜻 모두를 가리키며, 질문을 뛰어넘음으로써 결과적으로 우리 앞날의 지식과 대인관계, 취직, 승진 등에서 새로운 가능성을 꽃피우고 발전시키는 '대답법'이다.

그렇다면 질문을 리프하는(뛰어넘는) 기술이란 구체적으로 무엇일까? 한마디로 정리하면 다음과 같다.

'질문이 묻는 것만 대답하는 것이 아니라 당신과 상대방 모두의 목적에 유용한 정보를 덧붙여 대답하는 기술'

즉, 질문의 프레임에 갇히지 않고 의식적으로 유용한 정보를 추가해 질문을 뛰어넘는 것이다. 그럼으로써 서로의 목적을 달성하고, 건설적으로 대화를 이끌어나갈 수 있다.

질문을 뛰어넘는 구체적인 노하우는 차차 설명하겠지만, 지극히 단순한 이 기술을 실천하고 있는 사람은 극히 드물다. 그 이유 중 하나로 우리는 대부분 '좋은 대답이란 무엇인가?'에 대해 깊이 생각하고 배울 기회가 거의 없었다는 점을 꼽을 수 있다. 대답이 인생의 앞날이나 회사의 운명에 영향을 미치는 경우가 많다는 사실을 잘 알고 있음에도 불구하고 말이다.

또한 우리는 어릴 적부터 수없이 들은 "다음 질문에 답하시오"라는 말에 얽매여 있다. 하지만 어른이 된 지금, 냉정하게 생각해보자. 커뮤니케이션의 무궁무진한 잠재력을 고려해보면 질문이 요구하는 것 이상으로 상대방과 다양한 정보를 공유하지 못하는 대답은 일이나 대인관계는 물론이고 당신 자신에게도 큰 손실이다.

'질문을 뛰어넘는 대답법'의 알기 쉬운 예를 하나 들어보자. 일을 하다가 출출해진 당신은 회사 근처에 있는 카페에 가 평소 즐겨 먹는 시나몬베이글을 주문했다.

당신 시나몬베이글이랑 크림치즈 그리고 커피 주세요.

점원 죄송하지만 시나몬베이글은 없습니다.

커뮤니케이션 능력이 뛰어난 사람은 이렇게 질문의 틀에 갇힌 대답은 결코 하지 않는다. 질문을 뛰어넘어야 서로의 목적을 이룰 수 있고, 목적을 이뤄야 자신과 상대방 모두가 만족스럽다는 사실을 잘 알기 때문이다.

유능한 점원은 다음과 같이 대답할 것이다.

유능한 점원 마지막 시나몬베이글이 방금 막 나갔는데요, 대신 갓 구운 블루베리베이글은 있습니다.

처음 대답과 어떻게 다를까? 한마디로 말하면 질문이 요구하는 것 이상의 정보를 제공하고 있다는 점이 다르다. 하지만 질문을 무턱대고 뛰어넘지는 않았다. 당신의 목적(맛있는 음식으로 허기를 달래고 싶다)과 점원 자신의 목적(베이글을 팔고 싶다, 고객에게 기쁨을 주고 싶다)을 달성하는 데 유용한 정보, 즉 '갓 구운 블루베리베이글'이라는 대안을 제시해 서로의 목적을 건설적으로 실현하려고 했다.

"마지막 시나몬베이글이 방금 막 나갔는데요"라는 말도 카페를 다시 찾을지 모르는 당신에게는 '이 시간대에는 품절될 가능성이 있다'는 유용한 정보다. 한편, 점원 입장에서는 자신과 고객이 나누는 대화를 듣고 있는 다른 고객에게도 '우리 가게의 베이글은 정말 맛있어서 상당히 인기가 좋다'고 광고하는 것이나 마찬가지니 대답할 가치가 충분하다.

이렇듯 무척 단순하고 짧은 대화에서도 '질문을 뛰어넘는 대답'은 서로의 목적을 달성하는 데 많은 도움을 준다. 반면 "죄송하지만 시나몬베이글은 없습니다"라는 가벼운 사과와 질문에 얽매인 대답은 서로의 목적을 이루는 데 아무런 도움도 되지 않는다.

이 사례에서뿐만 아니라 어떤 질문이든 리프하는 기술을 활용해 새로운 가치를 덧붙여 대답하면, 커뮤니케이션은 언제나 당신과 상대방의 목적에 긍정적인 영향을 줄 것이다. 뿐만 아니라 건설적인 커뮤니케이션이 이뤄지면 자연히 서로의 입장과 상황을 한층 효율적이고 깊이 있게 이해하게 된다. 그러면 팀워크가 견고해지고 생산성이 향상돼 프로젝트는 더욱 순항할 것이다. 대외적으로도 우호적인 대인관계가 늘어나고 신뢰가 쌓인다.

더욱이 상대방에게 '가치를 제공'하는 행동은 스스로 의식하지 못해도 자신의 뛰어난 지식, 능력, 인격을 상대방에게 전하는 부가가치를 낳는다. 앞선 예에서 '당신이 어떤 기분으로 카페를 나올지'를 생각해보면 이해하기 쉽다.

당신은 오븐에서 막 꺼내 온기가 느껴지는 베이글 덕분에 큰 만족감을 느낀다. 그리고 당신이 가장 먼저 입에 올린 상품을 제공하지 못해 안타까운 마음으로 그에 버금가는 대안을 제시해 당신의 목적을, 어쩌면 그 이상을 이뤄준 직원의 지혜에 고마움을 느낄 것이다. 즉, 카페 점원은 '질문을 뛰어넘는 대답'으로 자신의 능력을 당신에게 전해 깊은 인상을 남겼다.

질문을 뛰어넘어 대답하면 대화, 회의, 프로젝트를 목적에 맞게 합리적으로 진행할 수 있을 뿐만 아니라, 앞서 설명한 가치가 더해져 상대방에게 깊은 인상을 남기고, 강력한 리더십을 발휘하거나 카리스마가 빛을 발하는 자신의 모습을 발견하는 것도 시간문제다.

이 방법은 면접, 발표, 회의에서 예상치 못한 질문을 받았을 때도 유용하다. 커뮤니케이션에서 자신과 상대방의 목적을 놓칠 걱정이 없으므로 적절한 내용을 넣어 상대방의 흥미를 끌면서 여유롭게 대답할 수 있기 때문이다.

결과적으로 이 세상에 당신에게 두려운 질문은 존재하지 않게 된다. 오히려 자신과 상대방의 목적을 달성하는 데 유용한 대답을 내놓을 기회를 주는 질문을 반기게 될 것이다.

그리고 더욱 환영할 만한 사실이 있다. 질문을 뛰어넘는 기술은 커뮤니케이션의 기본 원리에 바탕을 두고 있기 때문에 전 세계 어디에서 어떤 언어로 이야기하든 통하는 '만능'이라는 점이다. 그러니 영어로 이야기하든 중국어로 이야기하든 효과는 변함이 없다. 오히려 외국어로 대답할 때 질문을 뛰어넘는 기술이 더 빛을 발할 것이다. 미국인이나 중국인들은 말수가 많은 편이기 때문에 그들과 대화할 때 말수를 늘리려고 의식적으로 노력한다면 더 큰 효과를 얻을 수 있다.

20년 이내에 미국에서 약 45%, 영국에서 약 35%에 달하는 노동자를 인공지능이 대체할 것이라는 최근의 연구결과는 충격적이다. 인공지능은 구글을 비롯해 글로벌 기업들이 거액을 투자하고 있는 영역인 만큼 발전하는 것은 시간문제다.

그런데 인공지능은 바둑이나 장기를 두는 것과 같은 복잡한 연산 능력은 뛰어나지만 결정적인 약점이 있다. 바로 커뮤니케이션 능력이다. 인공지능은 주어진 정보를 제공할 수는 있어도 질문을 뛰어넘어 질문자, 문맥, 서로의 목적을 섬세하게 고려한 답을 내놓지는 못한다.

섬세하게 대답하려면 창조력과 유연한 사고가 필요하다. 그리고 이는 인간만의 뛰어난 능력이다. 즉, 질문을 뛰어넘어 대답하는 기술은 인공지능이 함부로 넘볼 수 없는 인간의 탁월한 능력이다.

지금 그리고 앞으로 다가올 미래에 당신이 눈부시게 활약하고 인류가 번영하려면 질문을 뛰어넘는 대답법, 즉 대답에 유용한 정보를 더함으로써 자신의 지식, 능력, 인격을 드러내는 대답법이 반드시 필요하다.

우리가 살면서 질문에 대답할 기회는 얼마나 많을까?
'좋은 대답'으로 이룰 성공들을 차곡차곡 무한대로 키워나가기 위해 질문을 뛰어넘는 커뮤니케이션 기술과 그 실천 방법을 자세히 알아보자.

윌리엄 반스

1장
?
밑도 끝도 없는
대화를
깔끔하게 바꾸는
대답법

◉

커뮤니케이션에 관한 3가지 오해

이 책을 손에 든 당신은 커뮤니케이션 능력을 기르고 싶은 마음이 간절할 것이다. 아주 바람직한 생각이다. 커뮤니케이션은 집의 토대를 마련하듯 기반을 다지는 행위이기 때문이다. 토대를 견고히 다져야 더 높이 쌓아 올릴 수 있고, 견고한 토대는 어떤 일에도 흔들리지 않는 저력이 되어 당신을 지탱해줄 테니 말이다.

이렇게 중요한 토대를 튼튼한 말뚝으로 단단히 고정하려는 당신에게 일러두고 싶다.

"진리라고 굳게 믿는 커뮤니케이션 기술 중에는 그다지 도움이 되지 않는 기술도 있다."

'에이!' 하고 생각할지도 모르지만 틀림없는 사실이다. '믿음의 세계에는 거짓이 많고, 의심의 세계에는 진리가 많다'라는 말을 기억해두면 도움이 될 것이다.

바쁜 현대인이 비효율적인 일에 돈과 시간을 들이는 것만큼 어리석은 일도 없다. 먼저 커뮤니케이션의 세 가지 오해를 푸는 것으로 이번 장을 시작한다.

1

형사가 아니면
'질문하는 기술'을
단련할 필요는 없다

소크라테스의 '질문법' 수준

'커뮤니케이션의 열쇠는 어떻게 질문하느냐에 있다'고 믿는 사람이 많다. 하지만 역사적 인물들이 질문이 중요하다고 목소리를 높여도 우리는 진리를 꿰뚫어 볼 수 있어야 한다.

사람들을 착각하게 만드는 '질문하는 기술'의 근거는 고대 그리스 철학자 소크라테스까지 거슬러 올라간다. 널리 알려져 있듯 소크라테스는 '질문 연구의 아버지'라 불러도 좋을 만한 질문의 대가였다.

소크라테스가 고안한 문답법은 질문을 던져 대화 상대의 생각을 복잡하고 난해한 문제의 핵심으로 이끄는 기법이다. 소크라테스가 실제로 이 기법을 이용해 나눈 대화 내용이 그의 제자 플라톤의 저서 《대화편》에 기록되어 있다. '진리', '아름다움', '정의'라는 추상적인 개념을 고찰한 각각의 대화는 모두 소크라테스의 질문으로 시작한다. 소크라테스는 특히 'What'으로 시작하는 의문문과 'Yes' 혹은 'No'로 대답할 수 있는 질문을 즐겨 했다고 한다.

질문을 던짐으로써 생각을 자극해 어려운 문제에 대한 식견을 넓히는 소크라테스 문답법은 약 2,400년이 지난 지금도 대학교, 로스쿨, 법정, 심리치료와 같은 다양한 분야에서 꾸준히 활용되고 있다.

하지만 혼동해서는 안 된다. '질문이 효과적인가'와 '뛰어난 질문 기술이 일상적인 커뮤니케이션에 도움이 되는가'는 전혀 다른 문제다. 왜냐하면 소크라테스는 어떤 현상을 진리로 이끌기 위해서 막대한 양의 질문을 되풀이했기 때문이다.

가령 '지식이란 무엇인가'를 고찰하는 대화에서 소크라테스는 1만 39개나 되는 질문을 던진다. 직장인이 보통 회의에서 주고받는 질문과 대답의 수와는 비교도 되지 않는다. 방대한 시간과 노력은 물론이고, 소크라테스처럼 탁월한 질문자도 필요하니, 이 커뮤니케이션 방법으로 당신이 혁신을 일으키기는 현실적으로 어렵다.

'질문이 중요하다'고 말한 드러커

소크라테스 이후에도 많은 지식인이 질문의 중요성을 끊임없이 강조했다. 대표적인 예가 20세기 최고의 천재라 불리는 알베르트 아인슈타인이다. '중요한 점은 끊임없이 의문을 갖는 것이다'라는 그의 명언을 들어본 적이 있을 것이다. 아인슈타인은 끊임없이 의문을 갖고 기존의 물리학 원리를 차례차례 새로 정립했다.

탁월한 정치적 수완을 발휘한 역사적인 지도자 윈스턴 처칠도 가설과 전제에 도전하기 위해 질문을 기술적으로 사용했다고 알려져 있다.

또한 경영학의 아버지라고 불리는 피터 드러커는 '심각한 실수는 잘못된 대답 때문에 생기는 것이 아니다. 정말 위험한 행동은 잘못된 질문에 대답하는 것이다'라고 말하며 질문을 경영의 훌륭한 도구로 활용할 수 있다고 제안했다.

최근에는 하버드경영대학원의 클레이튼 크리스텐슨 교수가

혁신을 이루려면 '왜?', '만약 …라면 어쩌지?', '어떻게 하면 좋을까?'처럼 단순한 질문이 효과적이라는 사실을 강조했으며, MIT슬론경영대학원의 에드거 샤인 명예교수도 자신의 이야기를 하는 대신 질문을 던지고 상대방의 이야기를 듣는 행동이 우호적인 대인관계를 형성하고 조직을 가꾸는 비결이라고 이야기했다.

이렇듯 영향력 있는 인물들이 '질문이 중요하다'고 목소리를 높이니 고개를 끄덕이는 것도 어쩌면 당연하다. 하지만 우리는 가장 중요한 점을 간과하고 있다.

'질문'이 '대답'보다 중요하다고는 아무도 말하지 않았다!

큰 나무가 빽빽이 들어서서 생긴 그림자에 커뮤니케이션의 핵심이 가려졌을 뿐이다.

이제 다시 원점으로 돌아가 보자. '질문'은 당신의 기대만큼 믿을 것이 못 된다는 점이 분명해질 것이다.

똑같은 질문을 던져도
노벨상 수상자는 단 한 사람

여기서 원점이란 '질문'과 '대답'의 기본적인 역학관계를 말한다. 미국의 수학자 존 내시는 비협조적 게임이론인 '내시균형'으로 1994년 노벨경제학상을 받았다. 존 내시는 한층 효율적으로 자원을 손에 넣는 방법을 제시하며 200년 가까이 우세했던 애덤 스미스의 '보이지 않는 손'에 정면으로 반기를 들었다.

존 내시의 일대기를 다룬 영화 〈뷰티풀 마인드〉에서는 학창 시절에 친구들과 찾은 바에서 훗날 그를 세기의 발견으로 이끈 '질문'이 머릿속을 스치는 순간이 그려진다. 그 질문은 바로 다음과 같다.

'우리 모두가 바에 있는 여성과 데이트할 수 있는 확실한 방법은?'

혈기왕성하고 의리를 중요시하는 남자라면 비슷한 상황에서 똑같은 질문을 떠올려본 적이 있을 것이다. 그런데 유독 존 내시가 노벨상을 받을 수 있었던 것은 이 질문에 대한 대답을 진지하게 찾은 사람이 내시 단 한 사람뿐이었기 때문이다.

이 예시에서 '질문'과 '대답'의 역학관계를 분명히 확인할 수 있다. 질문 자체는 데이트를 확실히 보장하지도 않고, 세기의 발견으로 이끌지도 않는다. 지식에 깊이를 더하거나, 대인관계를 개선하거나, 실적을 향상시키지도 않고, 단지 가능성을 부여해줄 뿐이다. 이것이 바로 질문의 한계다. 그리고 이 한계는 '질문'과 '대답'의 숙명이다

'질문'은 화제를 제공할 뿐, 논점을 결정하고 그다음 행동과 사고를 만들어내는 것은 '대답'이다.

제아무리 훌륭한 질문도 꿈같은 가능성을 제시할 뿐, '대답'과의 주종관계를 뒤집을 만한 위력은 없다. 바꿔 말하면 좋은 질문은 대답을 위해 잘 차려진 밥상에 지나지 않으며, 질문의 가능성을 살리고 죽이는 것은 어디까지나 상대방의 대답이다.

질문의 잠재력을 부정할 필요는 없다.

하지만 질문은 당신의 기대만큼 믿음직스럽지 않다.

질문의 효과는 전적으로
상대방의 대답에 달렸다

일상 대화에서도 이 결론은 변함없다. 가령 직장 동료가 다음 주에 대기업에서 제품 홍보 프레젠테이션을 할 예정이라고 치자. 동료가 잘 되기를 진심으로 바라는 당신은 동료의 프레젠테이션 준비 상황이 신경 쓰이고, 도울 수만 있다면 무엇이든 돕고 싶다고 생각하고 있다. 프레젠테이션 건으로 동료와 이야기를 나누며 동료를 더 잘 이해하고 더욱 돈독한 관계를 맺고 싶은 마음도 있다.

이런 생각으로 동료에게 "프레젠테이션 준비는 잘 돼가?"라고 물었다고 치자. 당신의 의도가 상대방에게 전해질지는 전적으로 상대의 대답에 달렸다. 상대방은 "잘 돼가요" 하고 짤막하게 대답할지도 모른다. 그러면 질문의 가능성은 못다 피운 꽃봉오리처럼 허망하게 지고 만다. 질문을 바꿔도 결과가 불확실하기는 마찬가지다.

즉, 질문의 효과를 기대하며 질문을 던지기보다는 '질문의 가능성을 꽃피울 수 있는 대답 기술'을 사용해 대화해야 당신도 회사도 확실히 이익을 얻을 수 있다.

'대답보다도 질문으로 사람을 판단하라'는 말은 진짜일까

그럼에도 불구하고 여전히 '좋은 질문의 효과'를 믿는 사람이 있을지도 모르겠다. 결론부터 말하자면 이런 사람의 앞날에는 '하이 리스크 로우 리턴(High Risk Row Return)'이 기다리고 있다.

좋은 질문을 하는 것은 뛰어난 인지 능력, 강한 정신력, 일정 수준 이상의 지식이 필요한 만만치 않은 작업이다. 또한 고도로 전문화되고 분업화된 현대 사회에서는 신의 경지에 오른 사람이 아니라면 좋은 질문을 하기가 점점 힘들어지고 있다.

좋은 질문을 하려면 필수 요소인 지식과 더불어 듣기 능력, 상황인식 능력, 사고 조직력과 같은 높은 인지 능력을 갖춰야 한다.

이런 조건을 모두 갖추는 경우는 모국어를 쓰는 상황에서도 '어쩌다가' 한 번 있을까 말까다. 하물며 외국어로 좋은 질문을 하려고 시도해본 적이 있다면 좋은 질문을 하기가 얼마나 어려운지 잘 알 것이다. 완벽하게 2개 국어를 구사하는 사람은 논외로 치더라도 외국어를 쓰는 상황에서 이 세 가지 요소가 고루 갖춰지는 순간은 흔치 않다.

하지만 적절하게 대답하기는 그리 어려운 일이 아니다. 얼마나 무책임한지를 떠나서 숙취나 수면 부족으로 질문의 절반을 놓쳐도 제대로 대답한 경험은 누구든 있을 것이다.

한편, 질문을 하려면 직접 화제를 골라 대화의 물꼬를 터야 한다. 남들이 어떻게 생각할지 신경 쓰느라 긴장을 하게 되기 때문에 주눅 들지 않는 정신력이 필요하다.

There are no dumb questions. 어리석은 질문은 없다.

미국의 학교와 직장에서는 호기심을 위축시키지 않기 위해 이 말을 일상적으로 입에 달고 지내며, 사소한 질문도 장려하는 분위기다. 하지만 요점에서 벗어나거나, 상식이 결여되거나, 본질과는 상관없는 '어리석은 질문'이 현실에 존재한다는 사실은 누구나 알고 있다. 그러니 자신이 하는 질문이 얼마만큼의 가치를 갖는지에 예민해질 수밖에 없다.

이런 태도 자체는 긍정적이다. 하지만 애석하게도 이런 현상이 질문에 대한 심리 장벽을 높인다.

고도로 전문화, 분업화, 디지털화된 세상에서는 좋은 질문을 하기 위한 지식 장벽도 높기만 하다. 소규모 전문가 집단에서는 서로 전문지식을 완벽히 공유해 핵심을 찌르는 질문이 오간다. 하지만 우리는 같은 회사에서든 동업자 사이에서든 좋은 질문이 나오기 힘든 시대에 살고 있다. 실제로 현장을 시찰하면서 기술자에게 엇나간 질문만 하는 사장이 얼마나 많은가.

프랑스 철학자 볼테르는 '대답이 아니라 질문으로 사람을 판단하라'는 명언을 남겼다. 볼테르에게 '400년이나 지나고 보니 상황이 꽤 변했다'고 전해주고 싶다.

물론 질문을 던진 이가 가진 지식의 깊이와 특정 현상을 대하는 자세가 질문에 고스란히 드러난다는 볼테르의 말뜻은 타당하다. 하지만 우리가 사는 사회는 좋은 질문을 하기 위해 학습을 해도 쉽게 극복하지 못할 만큼 전문화, 분업화, 디지털화되어 있다. 볼테르의 상상을 아득히 뛰어넘은 요즘 세상에서 질문으로 사람을 판단하는 것은 너무 가혹하다.

'질문하는 기술'에 관한 환상이 조금은 깨졌는가? 당신이 형사나 변호사, 컨설턴트라면 직업에 걸맞게 질문하는 법을 갈고

닦는 훈련은 의미가 있다. 하지만 그 외의 목적과 상황이라면 어떻게 질문할 것인지에 매달릴 필요는 없다. 그저 당신의 관심이 향하는 대로 질문해도 만족스러운 성과를 얻을 수 있을 것이다.

커뮤니케이션의 기본인 '질문'과 '대답' 중에서 더욱 큰 성과를 이끌어내는 것은 '대답'이다. 대답하는 방법을 모르면 결코 커뮤니케이션 능력을 향상할 수 없다.

'짧게 요약하기'는
사실 비효율적이다

간결함에 대한 착각

'질문하는 기술'과 더불어 커뮤니케이션의 정석으로 꼽히는 것이 바로 '짧게 요약하기'다. '긴' 편보다 '짧은' 편이 신속하게 전할 수 있고, '요약'하면 이해하기 쉬워 효율적이라는 인식이 우리 사회에 만연해 있다.

그런데 '짧게 요약하기'는 '간결함'과는 조금 다르다. '간결'이란 길이를 줄이는 것이 목적이 아니라 '표현이 간단하고 짜임새가 있다'라는 뜻이다. 표현을 간소화해 어떻게 하면 알기 쉽게 전할 수 있을까 고민한 끝에 길이가 짧아지는 것이다.

'짧게 요약하기'는 처음부터 짧은 길이를 목표로 한다. 문장 수, 글자 수, 시간을 제한해 효율화하겠다는 것인데, 사실 말로 이뤄지는 커뮤니케이션에서 '짧게 요약하기'는 경계해야 할 대상이며 비효율의 원천이다. 그 이유를 설명하기 전에 '짧게 요약하기'가 커뮤니케이션의 정석이라는 착각이 어떻게 상식처럼 자리 잡았는지 살펴보자.

토요타의 기획서와 회의록은 '문장 수, 글자 수 제한'의 대표적인 사례다. 토요타에서는 기획서나 회의록을 A3 또는 A4 용지 한 장에 정리한다. 글쓰기의 대가 윌리엄 스트렁크 2세 또한 '온 힘을 다해 쓰면 간결해진다'라는 말을 남겼다.

실제로 쓰면 쓸수록 요령이 생겨 술술 읽히는 글이 써지는 경험은 모두 가지고 있을 것이다. 이처럼 시간을 들여 생각하고 수정을 거듭하면서 글을 쓸 때는 불필요한 부분을 지우고 압축된 리포트를 쓸 수 있으니 되도록 간결하게 정리하는 편이 좋다.

글을 쓸 때뿐만 아니라 이야기를 나눌 때도 프레젠테이션처럼 할 말을 미리 준비할 수 있는 상황이라면 내용을 긴밀히 구성해 간결하게 말할 수 있다. '짧게 요약해 말해야 한다'는 큰 착각은 여기에서 비롯된다.

미리 준비할 수 없는 '말로 이뤄지는 커뮤니케이션'은 예외다.

여태껏 이 사실을 알려주는 사람은 없었다. 미리 준비할 수 없는 '말로 이뤄지는 커뮤니케이션'을 글쓰기와 사전에 준비할 수 있는 프레젠테이션과 한데 묶어 '짧게 요약'하면 좋다고 착각하는 이유다. 눈코 뜰 새 없이 바쁘게 사는 탓에 '짧고', '빠르고', '심플한'이라는 키워드에 매료되기 쉽다는 점도 연관이 있다.

말로 이뤄지는 커뮤니케이션은 훨씬 어렵다

하지만 현실을 직시하면 이런 착각에서 단번에 깨어날 수 있다. 일상적인 비즈니스 대화, 회의 발언, 동료에게 하는 지시나 부탁처럼 사전에 준비할 수 없는 커뮤니케이션을 '짧게 요약'하는 것은 무척 힘들다.

일례로 당신이 최근 회의에서 무슨 이야기를 했는지 떠올려보자. 사전에 미처 준비하지 못한 발언을 했을 때 설명이 빈약하다는 생각이 들어 나중에 살을 덧붙이고, 잘못된 정보를 바로잡고, 다른 표현을 사용했으면 좋았을 것이라고 빈번하게 후회한다.

그렇다고 당신의 커뮤니케이션 기술이 부족하다는 이야기는 결코 아니니 자책할 필요는 없다. 최근 한 연구에 따르면 글로벌 기업의 많은 상사가 부하 직원에게 일을 맡길 때 한 번에 완벽하게 설명하지 못한다는 사실이 밝혀졌다. 상사의 54%는 처음에 대면으로 일을 맡긴 뒤 얼마 지나지 않아 대면, 메일, 전화로 두 번째 연락을 취했다. 이 비율은 상사의 직위가 한 단계 더 높아지면 줄어들지만, 여전히 21%의 상사는 재차 연락해 맡긴 일에 대해 다시 설명했다.

상사들은 왜 두 번 넘게 연락을 해야 했을까? '부하 직원이 무능해서'라고 생각했다면 유감스럽지만 틀렸다. 대부분의 경우, 부하 직원에게는 잘못이 없다. 상사가 업무지시를 반복하는 가장 큰 이유는 자신의 메시지가 불완전했거나 짜임새가 없었던 탓이다. 얼마간의 시간이 흐른 뒤 자신이 전한 메시지를 되새기며 반성하는 것은 아무래도 인간의 특징인 듯하다.

이 연구결과를 통해 일상에서 이뤄지는 '미리 준비할 수 없는 말하기 커뮤니케이션'은 특수하기 때문에 메시지를 한 번에 전하는 것이 쉽지 않다는 사실을 깨달아야 한다. 단순한 정보라면 몰라도 내용이 복잡하게 얽혀 있는 정보를 전할 때 의도가 정확하고, 상대방이 쉽게 해석할 수 있으며, 만족할 만한 정보(상대방이 알고 싶고 확인하고 싶은 정보)를 모두 갖춘 메시지를 즉석에서 생각해내기란 보통 일이 아니다.

즉, '즉석에서' 길이를 줄이고 내용을 압축하라는 주문은 폭군의 말이나 다름없다.

섣불리 길이를 줄이면 본질적인 정보가 누락되기 쉽고 상대방에게 스트레스를 줘 커뮤니케이션이 원활히 이뤄지지 않을 가능성이 크다.

일을 신속히 처리하라는 요구와 더불어 '유능하고 똑똑한 사람으로 보이고 싶다'는 욕구도 비즈니스에서 '짧게 요약하기'를 선호하는 데 한몫한다.

하지만 기억해두자. 우리는 보통 1분에 300자나 말할 수 있으니, 불필요한 말을 조금 섞어도 시간을 극단적으로 잡아먹지는 않는다. 말수를 조금 더 늘려서 한 번에 이야기를 끝낼지, 짧게 여러 번에 걸쳐 전할지 생각해보면 보통은 전자가 효율적이다. 결과를 놓고 보면 효율적인 사람을 '능력이 있다'고 인정하는 것이 아무래도 합리적이다.

메시지의 목표는 상대방에게 전하는 것이다.

따라서 말의 완벽한 길이란 존재하지 않으며, 말의 완벽한 길이를 정하는 것 자체가 잘못이다.

물론 오랫동안 구구절절 설명하라는 뜻은 아니다. 말이 너무

길면 시간이 낭비되는 것은 물론이고 말하는 이와 듣는 이 모두 주의가 산만해지고 요점을 놓칠 수 있다는 결정적인 단점이 있다. 이는 반드시 피해야 할 상황이다.

그렇다면 어느 정도의 길이가 이상적일까? 너무 짧아 상대방이 이해하기 힘든 길이보다는 꼭 필요하고 완결된 정보를 모두 제공할 수 있는 길이일 것이다. 즉, 상대방이 이미 알고 있을 것이라고 넘겨짚어 제공해야 할 정보를 생략해서는 안 된다. 중요한 내용이라면 비슷한 정보가 조금 겹쳐도 전혀 문제가 되지 않는다. 짐작만으로 중요한 정보를 생략하거나 상대방이 복잡한 내용을 이해했는지 확인하지 않는 것이야말로 위험한 행동이다.

즉, 말로 이루어지는 커뮤니케이션은 적당히 길어야 한다.

질문을 '뛰어넘는' 대답이
사람을 움직인다

어른이라면 깨부숴야 할
전통적인 커뮤니케이션 습관

어릴 때 선생님이나 부모님에게 "묻는 말에 대답하라"는 말을 들어본 적 있을 것이다. 이 문장은 평생 준수해야 하는 커뮤니케이션 규칙이 아니다. 선생님이 수업을 하고 있거나 부모님에게 시간적인 여유가 없을 때처럼 제한된 상황에서 아이를 통솔하기 위해 편의상 쓰일 뿐이다.

문제는 이런 사실을 지적해주는 사람이 없다는 것이다. 그래서 어른이 되어서도 '질문과 밀접한 연관이 있는 내용만 충실

히 대답해야 한다', '질문의 프레임에서 벗어난 불필요한 내용
을 말하면 안 된다'라고 철석같이 믿는 사람이 많다.

그런데 이는 앞서 말한 '질문하는 기술', '짧게 요약하기'에
관한 오해보다 더 심각하다. 특히 언어, 문화, 사고방식의 경계
가 허물어진 현대 사회에서는 이런 착각이야말로 커뮤니케이
션 능력의 향상을 가로막는 큰 원인이다.

먼저 다음 간단한 대화를 살펴보자.

A 중국 출장은 어땠어요?

B 줄줄이 미팅이 있어서 힘들었어요.

A 그 사장님은 만났어요?

B 마침 메일에 답장이 와서 귀국 직전에 겨우 만났어요.

A 어떤 분이에요?

B 느낌은 좋았는데 꽤 바빠 보였어요.

이 대화에서 어떤 인상을 받았는가?

먼저 B는 A의 질문과 관련된 내용만 충실히 대답하고 있고,
질문에서 벗어난 내용은 전하지 않고 있다. 이 대화에서 무엇
이 잘못된 건지 의문인 사람도 있을 것이다. 대화만 보면 어색
함이 없으니 딱히 이상한 느낌을 받지 않을지도 모른다. 그런
데 대화 전체에서 얻는 성과를 살펴보면 어떨까? A든 B든 모

두 이렇다 할 이익을 얻지 못했다.

B가 질문의 울타리 안에 갇혀 자신의 의견, 통찰, 행동에 관해 충분히 말하지 않았기 때문에 A는 유용한 정보를 손에 넣지 못했다. B 또한 자신이 제공한 정보에 대해 A의 유익한 피드백을 받기 힘들다. 즉, 서로 앞으로 일을 하는 데 도움이 될 만한 정보를 놓치고 있다. 가벼운 잡담과 대화에서 정말 필요했던 정보를 불현듯 얻는 경우가 많다는 점은 누구나 느낀 적이 있을 것이다.

또한 대답에 B의 의견, 통찰, 행동을 포함하면 결과적으로 A에게 B의 사고방식, 능력, 인격을 전하는 것과 같기 때문에 A는 B에 대한 이해와 신뢰가 깊어지고 서로의 관계를 돈독히 다지는 계기가 될 수도 있다.

질문에 너무 충실히 대답해서 이런 장점들을 모두 놓친다면 너무나 안타깝지 않은가. 게다가 화기애애한 대화를 나누지도 못한다. A가 소크라테스처럼 능숙하게 B의 대답을 이끌어낼 만한 능력이 있다면 이야기가 다르겠지만 말이다.

물론 소크라테스와 같은 능력은 기대하지 않는 편이 좋다. 앞서 설명했듯이 좋은 질문을 하기란 상당히 어려운 일이다. 질문을 잘하는 사람과 만날 가능성은 거의 없다고 생각하는 편이 현명하다.

외향적인 성격의 동양인도
점잖은 인상을 풍기는 이유

세계적인 베스트셀러 《콰이어트》에서 수전 케인은 '침묵이 금이라는 사고에 가치를 둔 동양', '자기표현을 중시하는 서양'으로 대비되는 전통적인 가치관이 동양인은 내향적이고 서양인은 외향적이라는 고정관념의 뿌리라고 말했다.

확실히 일리가 있는 말이다. 다만 점잖은 인상을 근거로 동양인을 내성적으로 단정하는 것은 지나친 비약이다. 애당초 점잖아 보인다는 인상만으로 성격을 판단하는 것은 난센스다.

동양인이든 서양인이든 내향형, 외향형은 있기 마련이다. 실제로는 무척 외향적인 성격임에도 점잖은 인상을 풍기는 동양인이 있고, 무척 내향적인 성격임에도 말이 많다는 인상을 풍기는 서양인도 있다. 왜냐하면 말이 많다거나 점잖다는 인상을 결정짓는 요인은 성격이 아니라 커뮤니케이션 상황에서 얼마나 말을 많이 하느냐에 달렸기 때문이다.

그리고 너무 점잖은 나머지 회의에서 별다른 역할을 하지 못한다는 인상을 풍기는 큰 요인은 동양인이 '질문에 너무나 충실한 대답'을 하기 때문이다.

필자가 고안한 영어 커뮤니케이션 시험에 축적된 데이터베이스를 바탕으로 작성한 최근 통계자료를 살펴보자. 전 세계 직장인 3,276명에게 동일한 질문을 했다. 일반적인 내용의 질문이었지만 대답은 동양인과 서양인을 비롯한 그 이외의 사람들로 뚜렷이 나뉘었다. 특히 단어 수에 눈에 띄는 차이가 있었다.

단순히 영어를 잘하고 못하고의 차이였을까? 그 의심을 없애기 위해 영어가 모국어가 아닌 사람들을 추출해 동양인과 아프리카인, 유럽인, 남미인을 비교해봤다. 결과는 앞선 결과와 똑같았다. 동양인이 하는 대답의 단어 수는 영어를 모국어로 하지 않는 다른 나라 사람들의 단어 수보다 47%나 적었다.

대답을 분석해보니 흥미로운 사실이 드러났다. 동양인들은 질문의 프레임에서 벗어난 부가적인 말을 하지 않는 경향이 특히 도드라졌다. 즉, '질문에 너무 충실한 대답'이 말하는 양을 줄여서 상대적으로 너무나 점잖은 인상을 주고 있었다.

그 원인은 '다음 질문에 답하시오'의 영향과 불필요한 말을 나서서 하기를 주저하고 또박또박 간략히 대답하려는 특유의 문화와 연관이 있지 않을까? 즉, 상식을 겸비한 사람 또는 상대방을 배려하는 사람일수록 몸에 밴 예절이 오히려 원활한 커뮤니케이션을 가로막는 함정이 될 수 있다는 뜻이다.

이는 배려 문화의 역설이다.

하지만 전 세계 사람들은 당신이 전통적인 문화를 중요시해 점잖은 인상을 풍기고 있기를 기대하지 않는다. 오히려 당신의 생각을 경청하고 싶어 하고, 서로 한 단계 높은 차원의 대화를 나누고 싶어 한다.

또한, 단순한 정보를 요구하는 질문에 대한 대답은 논외로 치더라도, 대답이 너무 짧으면 그 가치를 충분히 전하기 힘들 뿐만 아니라 당신의 능력, 인격, 사고방식을 어필할 절호의 기회도 놓치는 셈이다. 그러니 이런 케케묵은 고정관념은 즉시 걷어내고 당신의 대답을 풀어놓아야 한다.

세계 평균 단어 수에 비춰보면 동양인은 대답에 들어가는 단어 수를 50% 정도 늘리면 딱 좋다. 그렇다고 마음이 내키는 대로 마음껏 말해도 좋다는 뜻은 아니다. 뒤이어 설명할 구체적인 노하우를 보면 이해가 될 것이다.

동양인 중에는 지금까지 말한 ‘질문하는 기술’, ‘짧게 요약하기’, ‘질문에 충실한 대답’을 맹신하는 사람이 많다. 대화를 이끄는 것이 질문의 역할이고, 요점만 간략히 말해야 훌륭한 대답이며, 질문과 밀접한 관련이 없는 이야기를 하면 서로에게 시간낭비라는 인식마저 있는 듯하다.

지금부터 이 세 가지 속박에서 자유로워졌으면 좋겠다. 다음 장에서는 이를 가능케 하는 ‘질문을 뛰어넘는 대답법’과 그 무궁무진한 효과에 대해 한층 깊이 있게 이야기하려고 한다.

2장
'질문 뛰어넘기'가
가장 좋은 대답법이다

'질문을 뛰어넘는 대답'이
당신의 소원을 이뤄준다

'당신의 소원을 이뤄주는 것은 커뮤니케이션이다.'

이 말이 낯설게 느껴진다면 평소 이런 생각을 해본 적이 없다는 증거다. 하지만 당장 당신의 소원이 무엇인지 생각해봐도 '커뮤니케이션이 소원을 이뤄줄 것'이라는 점을 깨달을 수 있다. 취직부터 입학, 상담, 승진이나 승급, 수술, 결혼, 창업, 발명에 이르는 모든 일에서 커뮤니케이션 없이는 성공을 이룰 수 없다.

"성공하려면 자금, 능력, 인맥이 중요한 거 아닌가요?"라고 되물을지도 모르겠다.

나의 대답은 "그렇지도 않다"이다. 자금, 능력, 인맥 역시 어떻게 커뮤니케이션하느냐에 달렸기 때문이다.

그렇다면 일생일대의 소원이 걸린 중요한 상황에서 '질문을 뛰어넘으면' 어떤 일이 일어날까?

현재 상황을 0이라고 치면 적어도 1이 생길 것이다. 보통은 0에서 플러스 요인이 다수 생긴다. 비유하자면 '질문 뛰어넘기'는 커뮤니케이션이라는 샘이 힘차게 솟구쳐 올라 낚고 싶었던 대어를 내려주는 마법의 주문인 셈이다.

이 주문을 외우면 과연 어떤 변화가 생길까? 지금부터 구체적으로 알아보자.

하버드대학교 교수 20인에게 깊은 인상을 남기는 비법

사실 진심으로 '커뮤니케이션이 소원을 이뤄준다'는 말을 믿고 커뮤니케이션 능력을 향상하기 위해 노력하는 사람은 그리 많지 않다.

특히 자신의 지식, 능력, 학력에 자신 있는 사람일수록 자신을 과신해 상대방에게 명확히 전하려는 노력을 게을리하는 경우가 많다. 또한 자신이 깨닫지 못하는 사이에 커뮤니케이션 스타일과 버릇이 형성되기 때문에 자신에게 어떤 점이 부족한지 스스로 깨닫기 힘들다.

타산지석으로 삼기 위해 실제로 K가 겪은 일화를 소개한다.

K는 하버드대학교의 한 강의실에 앉아 긴장감으로 꽁꽁 얼어붙은 자신과 싸우고 있었다. 조교수 최종 면접이 있는 날이었기 때문이다. 면접 전날 매사추세츠주 케임브리지시에 도착해 학교로 이동한 뒤 숨 돌릴 틈 없이 모의 수업을 진행했고, 교정을 돌며 관계자에게 인사를 했다(심사는 이미 이때부터 시작이었다). 심사 이틀째인 오늘도 학부장과의 면담과 대학원생들과의 식사를 분 단위 스케줄로 소화한 뒤, 오후 2시부터 드디어 K의 운명을 좌우할 최종 면접이 시작되었다.

K는 교직원 여섯 명에게 둘러싸여 질문에 대답했는데, 다른 교직원들도 번갈아서 입실해 저마다 질문을 몇 개씩 던진 뒤 바삐 자리를 떴다. 마지막에는 제각기 전공이 다른 총 20명의 교수진이 약 4시간에 걸쳐 K에게 질문을 쏟아부었다.

질문 대부분이 과거, 현재, 향후 K의 연구 주제에 대한 것이었는데, K는 면접 내내 마치 용의자 심문을 받는 듯한 기분이었다. 그렇다고 묵비권을 행사할 수도 없었다. 끊임없이 대답만 해야 하는 숨 막히는 면접이었다.

　K는 끊임없이 대답해야 한다는 점 때문에 괴로웠던 것이 아니다. 과연 어떤 점이 가장 괴로웠을까?

　바로 면접 자체의 분위기가 시종일관 가라앉아 있었고, 면접을 보는 와중에 자신은 채용되지 않을 것이라는 확신이 들었기 때문이었다. 이런 부정적인 생각은 역량을 발휘하는 데 독이 되기 마련이다. 부정적인 생각이 든 원인은 1장에서 언급한 세 가지 오해, 즉 '질문하는 기술', '짧게 요약하기', '질문에 충실한 대답'에 있었다.

　무엇보다 질문에 대한 과도한 기대가 악몽의 시작이었다. 애당초 똑똑한 사람이 뛰어난 질문을 한다는 보장은 없다. 제아무리 하버드대학교 교수여도 동아시아 문화사라는 K의 특수한 전공 분야에서 내실 있는 대답을 이끌어낼 만큼 좋은 질문을 하기란 쉽지 않은지, 면접 내내 본질에서 벗어난 질문이 이어졌다.

　그런 질문에 충실하게, 심지어 단답형으로 대답하면 어떻게 될까? 가슴 뛰는 대화가 이루어질 리 없다는 것을 쉽게 상상할 수 있으리라. 간지러운 부위에 손이 닿을 듯 말 듯, 대화 당사자인 양쪽 모두가 답답한 상황이다.

　자신의 커뮤니케이션 능력에 흠잡을 곳이 없다고 믿었던 K는 이렇게 예상치 못한 역풍에 휩쓸리고 말았다. 인생에 두 번 다시 오지 않을 기회를 눈앞에 두고서 말이다.

그렇다면 K가 교수들과 열띤 대화를 나누고 이들에게 인상을 각인시키려면 어떻게 해야 했을까? '세 가지 오해'의 정반대 방법으로 대답하면 된다.

① 대화를 리드하는 것은 질문이다(×) VS 대답이다(○)

② 짧게 요약해 대답한다(×) VS 넉넉하게 대답한다(○)

③ (질문에) 충실히 대답한다(×) VS 묻는 내용 이상을 대답한다(○)

위와 같은 정반대 방법이 바로 자신과 상대방 모두에게 생산적인 커뮤니케이션이 이뤄지도록 '질문을 뛰어넘는' 기술이다.

구체적으로는 질문의 프레임에서 벗어나야 한다. 즉, 질문이 요구하는 정보만 제공하는 것이 아니라 당신과 상대방의 목적을 이루는 데 도움이 될 만한 정보를 덧붙여 대답해야 한다. 이렇게만 해도 위에서 언급한 세 가지 요건은 충분히 충족된다.

대답에 어떤 내용을 덧붙일지는 당신과 상대방의 목적에 따라 적절히 고르면 된다. 대화의 목적은 당신과 상대방이 이미 함께 공유하고 있을 수도 있고, 정면으로 대립할 수도 있다. 이제 K의 면접에 관해서 생각해보자.

- **K의 목적: 채용되기**

- **목적을 이루려면 어떻게 해야 할까?**

→　자기 PR을 한다.

→　상대방에게 자신에 관한 정보를 어필한다.

·　하버드대학교 교수 20명의 목적: K의 적성 평가하기

·　목적을 이루려면 어떻게 해야 할까?

→　평가에 도움이 될 만한 K의 정보를 입수한다.

→　K로부터 참신하고 통찰력 있는 식견을 얻는다.

질문에 대답할 때마다 위와 같이 당신과 상대방의 목적 또는 공통된 목적을 이루는 데 도움이 될 만한 정보를 덧붙이자. 그러면 자연히 질문 자체에만 충실하기보다는 조금 더 길게 대답하게 된다. 또한 대화는 질문이 아니라 대답 덕분에 활기를 띤다. 즉, 커뮤니케이션을 방해하는 '세 가지 오해'에서 완전히 해방되는 것이다.

이 비법을 활용해 질문을 뛰어넘으면 결과는 어떻게 바뀔까? 면접장은 활기로 넘치고 화기애애한 분위기가 이어질 것이다. 끊임없이 자신과 상대방의 목적에 도움이 되는 대답을 하면 꺼져가던 열정이 다시 뜨거워지는 것은 물론이고, 상대방의 마음도 강하게 사로잡을 수 있기 때문이다. 누구든 자신에게 가치가 있는 내용을 놓치고 싶지는 않으니 K의 대답을 들으

면서 눈을 반짝이는 것도 당연하다.

또한 단순히 서로의 목적만 충족되는 것은 아니다. 상대에게 도움이 되는 정보를 덧붙여 대답한 덕분에 다음과 같이 기쁜 일이 일어난다.

① K의 세일즈 포인트와 지식을 충분히 공유한 면접관들이 K의 생각, 능력, 인격에 대해 한층 깊이 이해한다.
② K의 대답이 대화의 주도권을 쥐고 있기 때문에 면접관들이 자신감을 갖고 토론을 이끄는 K의 역량에 깊은 인상을 받는다.
③ 면접 분위기가 무르익어 모든 참석자의 만족도가 높아진다.
④ 면접 성공 여부와는 상관없이 매력적인 K와 계속 교류하고 싶은 마음이 면접관들에게 샘솟는다.
⑤ 채용된다.

이렇듯 끔찍한 실패가 꿈같은 이야기로 변한다. 다만 ⑤는 장담할 수 없다. 채용을 결정하는 요소는 면접결과뿐만이 아니고, 실제로 채용된 인물은 해당 분야에서 명성이 자자한 인물이었으니 말이다. 하지만 적어도 K와 다른 면접자가 조금 더 접전을 펼쳤으리라는 점은 분명하다.

성공한 사람과 떼려야 뗄 수 없는 관계

이제 질문의 틀에 머무느냐 질문을 뛰어넘느냐에 따라 커뮤니케이션 성과에 확연한 차이가 난다는 사실을 알겠는가? 목적조차 달성하지 못한 전자와 목적을 이룬 것은 물론이고 단숨에 여러 이득을 얻은 후자를 통해 커뮤니케이션의 효과를 깨달았으리라.

상대방이 질문할 때마다 하늘에서 대어가 떨어지는 셈이니, 시간을 거듭할수록 성공은 결코 무시 못 할 만큼 쌓인다.

당신의 소원을 이뤄나가려면 질문을 뛰어넘어야 한다.

실제로 성공한 이들 중에는 '질문을 뛰어넘는' 기술을 현명하게 활용한 사람이 상당히 많다. 대표적인 사례가 바로 페이스북의 창업자이자 CEO인 마크 저커버그다. 마크 저커버그는 K가 면접과 씨름했던 하버드대학교의 교정에서 페이스북 창업을 구상했다. 그리고 2004년 2월, 마크 저커버그는 페이스북 서비스를 시작했다. 2017년 4월 기준으로 마크 저커버그의 총재산은 565억 달러(약 61조 200억 원), 페이스북 사용자는 18억 6,000만 명에 달한다.

주목할 만한 점은, 저커버그가 '질문 뛰어넘기'의 달인이었다는 사실이다. 그가 우수 프로그래머 양성소로 유명한 인도공과대학을 방문해 학생들의 질문에 대답했던 일화를 소개한다. 그는 단 한 번도 학생들의 질문에 짧고 틀에 갇힌 대답을 하지 않았다. 시시한 질문에도 2, 3분씩 들여 질문을 뛰어넘었다.

한 학생이 다음과 같이 질문했다.

"오큘러스에 대해서 더 설명해주세요."

오큘러스(Oculus)란 오디오와 3D 영상을 접목해 가상현실을 체험할 수 있는 고글을 말한다. 페이스북은 이 가상현실 디바이스 제작회사를 20억 달러(약 2조 1,600억 원)에 인수했다. 저커버그는 먼저 질문 자체에 신속히 대답했다.

"소프트웨어 개발자용 시제품 키트를 출시했고, 이미 20만 대가 개발자에게 판매됐습니다."

그리고 여기부터가 대답의 진면목이다.

"사람을 잇는다는 페이스북의 비전과 어떻게 조화를 이루냐 하면…"

이렇게 운을 뗀 저커버그는 사람이 인터넷을 통해 얼마나 많은 정보를 공유해왔는지, 텍스트로 시작해 사진과 비디오로 이어지는 인터넷의 짤막한 역사를 설명한 다음 이렇게 대답을 마무리했다.

"하지만 비디오가 끝이 아닙니다. 스크린은 작고 평평하죠.

여러분은 직접 체험하고 싶을 겁니다. 이것이 바로 오큘러스의 목적입니다. 5년에서 10년 뒤에는 자신의 경험을 나누고 타인의 경험을 체험할 수 있게 됩니다. 졸업식 같은 인생의 이벤트든 휴가 때 길거리를 걷는 경험이든 말이죠. 마법 같지 않나요? 실제 체험을 방불케 할 만큼 놀랍습니다.”

그는 구구절절 대답한 것이 아니라 전략적으로 질문을 뛰어넘었다. 학생의 단순한 질문을 출발점으로 삼아 먼저 프로그램 키트가 출시된 오큘러스라는 상품 자체에 대한 정보를 전달했다. 그런 다음 자신과 청중의 목적을 의식하면서 서로의 목적에 부합하는 가치를 대답에 더해 능숙하게 질문을 뛰어넘었다.

즉, 저커버그는 IT 비즈니스에 뜻을 둔 젊은 청중이 그의 이야기를 들으러 온 목적에 걸맞은 정보(프로그램 키트 구입 방법, 가까운 미래의 인터넷상)와 페이스북 CEO로서 회사와 제품을 선전하겠다는 자신의 목적을 위한 정보(프로그램 키트 판매, 페이스북의 과제)를 덧붙여 대답했다.

결과적으로 저커버그는 IT 비즈니스계의 젊은 리더이자 글로벌 기업 CEO로서 자신의 위치를 자각하고 질문을 뛰어넘는 대답으로 임무를 완수했다. 물론 청중의 기대에도 부응했다.

저커버그는 애플의 설립자이자 CEO였던 스티브 잡스가 자신의 좋은 스승이었다고 말한다. 공교롭게도 저커버그와 스티브 잡스는 모두 질문을 뛰어넘는 천재였다. 잡스는 기술적으로 세세한 설명을 전 세계 사람들의 목적을 관통하는 더욱 커다란 가치와 연결함으로써 자신의 회사의 존재감을 어필했고, 동시에 자신의 능력, 미래지향적 사고와 인격을 효과적으로 어필했다. 잡스의 연설 영상은 여럿 남아 있으니 꼭 참고하길 바란다.

실패로 끝나도 멈추지 않는 찬사

한 일본인의 '질문을 뛰어넘는 대답' 성공 사례를 소개한다. 그는 인생을 통틀어 손에 꼽을 만한 난관에서 질문을 뛰어넘은 대답 덕분에 오히려 인격과 위업이 빛을 발했다.

이야기의 주인공은 바로 아테네 올림픽에 이어 베이징 올림픽에서도 평영 100미터와 200미터 금메달을 획득한 기타지마 고스케 선수다.

기타지마 고스케는 베이징 올림픽 이후 슬럼프를 겪었다. 런던 올림픽에서는 평영 100미터에서 5위, 200미터에서는 4위에 그쳤다. 사람이라면 누구나 살면서 슬럼프를 경험하기 마련이다. 하지만 자신의 성적에 순위가 매겨져 온 세상에 알려지는 톱클래스 운동선수라면 정신적 중압감이 극심하리라는 점은 쉽게 상상할 수 있다.

2016년 4월, 일본에서 리우데자네이루 올림픽 국가대표 선발전이 열렸다. 기타지마는 평영 100미터에서 2위를 차지했지만 일본수영연맹이 정한 파견 표준기록에 미치지 못해 아쉽게도 국가대표선수 자리를 놓쳤다. 그리고 3일 뒤 평영 200미터에서는 5위를 해 극도로 지쳐 있었다.

경기에서 패한 직후의 운동선수에게 인터뷰는 언제나 가혹하다. 기타지마는 여전히 거친 숨을 몰아쉬고 있었고, 몸에 물기도 채 마르지 않은 상태였다. 이때, 그는 다음과 같은 질문을 받았다.

"경기 전에는 어릴 적 품었던 올림픽에 대한 꿈을 떠올리며 도전하고 싶다고 말씀하셨는데요. (레이스를 끝낸 지금은 어떠신가요?)"

"저에게 남은 길은 올림픽밖에 없었습니다. 올림픽 무대를 꼭 밟고 싶다는 마음이 작년부터 저를 다잡아주었고, 덕분에 지금 이 자리까지 올 수 있었습니다. 지금까지 선수생활을 할 수 있었던 것도, 마지막까지 히라이 코치와 팀을 이뤄 후회 없이 경기를 펼쳤다는 사실도 행복합니다. 오래전 프로선수가 된 뒤 기쁠 때나 슬플 때나 스폰서십의 응원이 있었기에 지금의 제가 있습니다. 많은 분들이 지켜봐주셔서 이렇게 좋은 성과를 낼 수 있었습니다. 자신감을 갖고 다음 단계로 나아가고 싶습니다.”

눈치챘겠지만 대답의 앞부분, 즉 ‘지금까지 선수생활을 할 수 있었던 것도’ 이하는 모두 질문과 직접적인 관련이 없다. 이 부분이 바로 질문을 뛰어넘는 부분이다.

기타지마는 은퇴 기자회견이라는 커뮤니케이션의 목적을 머릿속에 그리면서 코치, 스폰서, 그리고 응원해준 팬들에게 감사의 인사를 전한 뒤 자신의 인생에서 하나의 스테이지가 후회 없이 막을 내렸으니 당당히 다음 스테이지로 나아가겠다는 마음가짐을 표명했다.

기타지마의 인터뷰 후, 무슨 일이 일어났을까?

‘존경합니다’, ‘계속 눈물이 났어요’, ‘역시 대단합니다’, ‘당신을 잘못 보고 있었어요’와 같은 칭찬의 댓글이 홍수처럼 밀려들었다.

성공가도를 달릴 때는 질문 자체에 “진짜 기분 좋아요”, “말할 기분이 아니에요”라는 짤막한 대답만으로도 충분히 자기 자신을 전할 수 있었다. 하지만 생각한 만큼 결과가 나오지 않았을 때 질문의 틀에 갇힌 대답은 아무것도 바꾸지 못한다.

기타지마는 자신이 인터뷰를 하는 목적과 인터뷰를 접하는 시청자의 목적에 부응하는 가치를 대답에 덧붙여서 자신의 심경을 깊이 이해시켰다. 또한 자신의 진취적인 자세와 감사를 잊지 않는 인격을 전하는 부가가치도 얻었다.

기타지마는 중국에서 '개구리 왕'이라고 불린다고 한다. 평영뿐만 아니라 '뛰어오르는' 스타트 실력도 훌륭했던 그는 질문을 뛰어넘음으로써 새로운 인생으로 멋지게 도약했다.

2

어떤 상황에서든
상상 이상의 이익을 낳는 대답

일상 대화를 의미 있게 만드는 습관

질문을 뛰어넘는 기술은 결코 CEO나 운동 선수만의 전유물이 아니다. 면접과 같은 큰 무대에서만 활용한다면 그 진가의 80%는 여전히 잠들어 있는 채인 셈이다.

인생의 대부분을 차지하는 것은 일상생활이고, 일상의 계단을 하나하나 착실히 밟고 올라가야 성공으로 이어지는 계단도 밟을 수 있다. 그러니 동료, 상사, 고객은 물론이고, 가족, 친구, 새로 만난 사람과의 일상적인 커뮤니케이션도 소중히 여겨야 한다.

모든 질문은 성공의 기회다. 매 순간 착실히 밟고 나아가겠다는 마음가짐을 지녀야 한다.

하지만 당신은 이런 의문을 가질지도 모른다.

"바쁠 때는 짧게 대답하는 게 좋지 않나요?"

일리 있는 말이다. 성공적인 커뮤니케이션에서 '그 자리의 분위기를 읽는 능력'은 중요한 요건이다. 그러니 시간이 없을 때나 신속하게 정보교환이 이루어져야 할 때는 예외로 치자. 다만 그 이외의 상황에서는 대화를 나눌 때 당신과 상대방의 목적을 의식하고, 서로 목적을 달성하는 데 필요한 정보를 대답에 추가하자.

당신은 이렇게 되물을지도 모른다.

"정보를 제공할 수 없을 때는 어떻게 하죠? 비밀로 하고 싶은 것도 있을 텐데요."

통찰력 있는 질문이다. '비밀'은 종류와 정도의 폭이 넓다. 정보를 제공할지는 각자의 판단에 달렸지만, 한 가지 기억해야 할 점이 있다. 바로 세상의 트렌드가 '투명함'으로 흐르고 있다는 사실이다.

정보공유는 리스크를 동반한다. 하지만 이는 상대방을 신뢰하고 있다는 증거가 되며, 더욱 효율적인 문제해결 방법과 참신한 아이디어를 발견할 수 있다는 훌륭한 장점이 있다. 아주 중요한 비밀을 만든다면, 공유를 했을 때 얻을 수 있는 이런 이익을 포기해야 한다는 점까지 종합적으로 판단해야 한다.

대답으로 질문의 가능성을 열자

1장에서 예로 든 지극히 일상적인 질문 "프레젠테이션 준비는 잘 돼가?"에 대해 생각해보자.

이 질문은 앞서 살펴본 면접관, 저커버그, 기타지마의 사례와는 달리 묻는 이의 목적이 분명하지 않다는 특징이 있다. 또한 갑작스럽게 질문을 받으면 자신의 목적을 생각하며 대답할 여유가 없을지도 모른다.

상대방은 단지 진척 상황을 확인하고 싶을 뿐일 수도 있고, 최고의 결과를 내도록 돕고 싶은 것일 수도 있고, 조금 더 친해지고 싶은 마음일지도 모른다.

이렇듯 일상적인 대화에서는 상대방은 물론이고 자신의 목적도 깨닫지 못한 채 질문 그 자체에 대답하는 경우가 꽤 많다. 이런 경우, 유의미한 커뮤니케이션을 하려면 대답에 어떤 가치를 넣어야 할까?

좋은 질문의 가능성을 꽃피울 수 있는 가치를 대답에 넣어라.

훌륭한 질문에는 무한한 가능성이 있지만, 이를 꽃피우는 것은 대답이라는 점은 이미 1장에서 설명했다. 좋은 질문은 '깊이 이해시키기', '대인관계 구축하기', '퍼포먼스 향상시키기'라는 세 가지 가능성을 지닌다. 그러니 이 세 가지 요소를 의식하면서 제공할 수 있는 정보를 대답에 덧붙이면 된다. 이 요령을 그림으로 정리하면 다음과 같다.

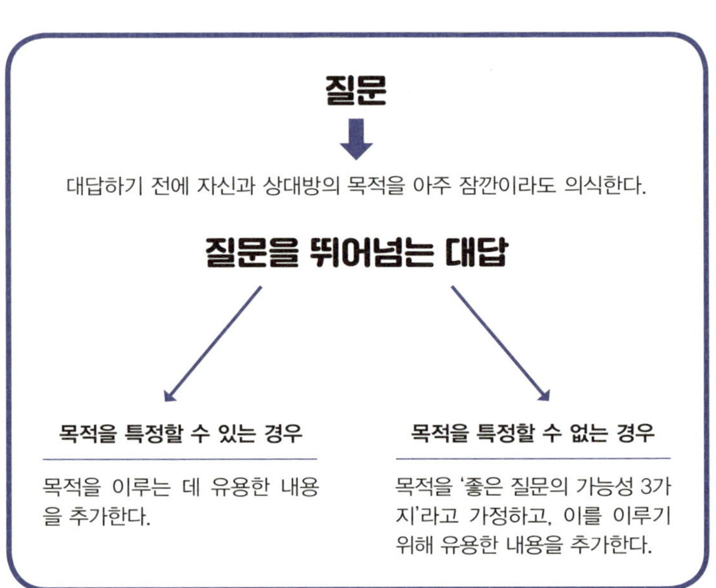

질문을 받으면, 단순 정보를 묻는 질문은 별개로 치고, 대답하기 전에 자신과 상대방의 목적을 아주 잠깐이라도 의식하는 행동을 습관화하자. 그리고 목적을 특정할 수 있다면 목적을 이루는 데 도움이 될 만한 정보를 덧붙이자.

질문의 목적을 특정할 수 없다면 위에서 언급한 '좋은 질문의 가능성 세 가지' 중에 질문의 목적이 있다고 가정하자. '깊

이 이해시키기', '대인관계 구축하기', '퍼포먼스 향상시키기'
는 목적의 폭이 상당히 넓기 때문에 목적에 가치 있는 내용을
쉽게 고를 수 있고, 어떤 상황에서도 건설적인 커뮤니케이션을
달성할 수 있을 것이다.

이제 실제로 앞서 나온 질문을 뛰어넘어보자.

당신은 다음 주에 자사 제품 홍보 프레젠테이션을 할 예정이
다. 상사가 걱정스러운 듯 물었다. "프레젠테이션 준비는 잘 돼
가?"

당신은 어떻게 대답할 것인가? "네, 최선을 다하고 있어요",
"열심히 하고 있어요", "오늘 중에 끝납니다" 하고 질문의 틀에
갇혀 짧게 대답한다면, 1장에서 설명한 세 가지 오해에서 여전
히 벗어나지 못했다는 증거다.

이런 말은 관례적으로 자주 쓰는 대답이기도 하니 크게 나쁘
지 않아 보인다. 하지만 상사의 질문이 모처럼 가져다준 가능
성을 자신과 상대방을 위해 하나도 살리지 못했고, 상황 또한
질문받기 전과 크게 달라지지 않았다. 상황이 여전히 제로 상
태라는 말이다.

그렇다면 어떻게 해야 0에서 1 이상의 상황이 될 수 있을까?
물론 대답은 다양하고, 대답에 정답이나 오답은 없다. 모범 답
안을 보고 외워도 실제 커뮤니케이션에는 같은 대화 패턴이 거

의 존재하지 않으니 외운 대답을 하게 될 확률은 한없이 낮고, 외운 대답 자체도 무의미하다.

여기에서 기억해야 할 점은 기술이다. 질문을 절호의 기회로 삼아 좋은 질문의 가능성 세 가지, 즉 '깊이 이해시키기', '대인관계 구축하기', '퍼포먼스 향상시키기'를 서로의 목적으로 가정한 다음, 적어도 이 중 하나를 꽃피울 수 있을 만한 정보를 대답에 추가하자.

전략적인 모범 대답을 소개한다.

순조롭습니다. 신제품의 기술 향상을 중심으로 설명하려고 해요. 그리고 지난번 테스트결과를 어떻게든 발표 전에 완성해 그래프로 소개할 거예요.

이 대답에는 좋은 질문의 세 가지 가능성 중에서 '(상대방을) 깊이 이해시키기', '(프레젠테이션의) 퍼포먼스 향상시키기'를 실현하기에 적절한 내용이 포함되어 있다.

구체적으로는 상사를 잘 이해시키기 위해서 프레젠테이션의 주요 내용을 언급하고, 프레젠테이션의 완성도를 향상시키기 위해서 발표 전까지 테스트결과를 완성하겠다는 정보를 넣었다.

짧은 문장을 두 줄 덧붙였을 뿐이지만 대답 내용 덕분에 질

문의 가능성이 보기 좋게 꽃피었다. 커뮤니케이션이라는 샘이
단숨에 솟구쳐 올라 당신에게 다음과 같은 갖가지 대어(이득)를
선사했다.

① 상사가 프레젠테이션 내용을 이해한다. → 상사의 이해도가 높아
진다.

② 상사에게 프레젠테이션에 관한 조언을 얻는다. → 완성도가 높아져
성공을 거둔다.

③ 업무에 임하는 당신의 열정적인 태도를 어필한다. → 신뢰 및 대인
관계가 형성된다.

④ ①②③ → 승급 및 승진을 좌우한다.

애당초 상사는 프레젠테이션 내용에 대해 당신과 같은 수준
으로 이해하고 있을 리가 없다. 그래서 당신이 프레젠테이션의
요점을 대답에 곁들이면 ①상사의 이해도가 높아져서, ②상사
가 조언이나 의견을 제시하기도 수월해진다.

상사의 조언과 의견이 반드시 완성도를 높여 성공으로 이끈
다는 보장은 없지만 도움이 되지 않는다는 보장 또한 없다. 즉,
어떤 내용이든 피드백을 얻을 기회가 생긴다는 데 의의가 있
다. 또한 당신이 프레젠테이션을 준비하는 과정에 조금이라도
관여한 상사는 만족감을 느낄 것이다.

여기까지는 예측한 대로다. 이 대답은 당신이 예상치 못한 성과도 낼 수 있다. 바로 ③이다. 이미 말했듯이 대답에 특정 정보를 덧붙이면 직접적으로 정보 자체를 전할 뿐만 아니라 간접적으로 자신의 생각, 능력, 인격을 상대방에게 전하는 부가가치가 생긴다.

이 대답에서는 '테스트결과를 어떻게든 발표 전에 완성해'에서 완벽한 프레젠테이션을 준비하겠다는 자세와, 완벽한 프레젠테이션을 위해 수고를 아끼지 않는 일에 대한 열의가 엿보인다. 이렇게 일상의 작은 인상이 모여 깊은 신뢰와 우호적인 대인관계를 형성한다는 점은 직장생활을 하는 사람이라면 잘 알고 있으리라.

④는 ①, ②, ③의 실적을 바탕으로 나타나는 타당한 성과다.

정리해보자. 이 예에서는 좋은 질문의 가능성 세 가지 중 '깊이 이해시키기', '퍼포먼스 향상시키기'라는 두 가지 가능성을 서로의 목적으로 의식하고 이를 실현할 수 있는 내용을 대답에 덧붙임으로써 '대인관계 구축하기'라는 마지막 가능성도 동시에 달성하고 있다.

실제로도 가능성 하나를 실현하기 위해 내용을 덧붙이면 다른 가능성도 덩달아 실현되는 경우가 많다. 세 가지 가능성이 선순환을 낳기 때문이다. 대답에 상대방이 깊이 이해할 수 있는 내용을 넣으면 프레젠테이션의 완성도가 높아지고, 앞에서 본 예처럼 상대방을 깊이 이해시키거나 완성도를 높인다는 성과를 의식해 정보를 제공했더니 우호적인 대인관계 구축으로 이어지듯 말이다.

요컨대 적어도 한 가지 가능성을 바라보고, 그 가능성을 실현하기 위한 내용을 덧붙여서 질문을 뛰어넘으면 기대 이상의 수확을 얻을 수 있다.

당신의 대답이 이상적인 시나리오를 만든다

앞에서 설명한 장점만으로도 이미 충분하다. 하지만 질문을 뛰어넘는 대답법은 더욱 놀라운 효력을 발휘해 단숨에 커뮤니케이션 능력을 끌어올려준다.

당신은 질문을 뛰어넘는 대답을 통해 대화의 주도권을 쥐고, 뜻대로 시나리오를 그릴 수 있게 된다.

질문을 뛰어넘어 대답하면 대화의 주도권을 쥐고 질문의 매듭을 풀어 만족할 만한 성과를 얻을 수 있다. 누군가가 시시한 질문, 요점이 빗나간 질문을 해도 걱정할 필요 없다. 질문을 뛰어넘는 방법을 마스터한 당신에게는 질문이 좋든 나쁘든 아무런 문제가 되지 않기 때문이다. 극단적으로 말하면 어떤 질문이든 큰 문제가 되지 않는다. (이 기술에 대해서는 4장을 참고하기 바란다.)

가령 앞서 예로 든 상사가 "프레젠테이션 준비는 잘 돼가?"라는 질문 대신 갑자기 "파워포인트는 새로운 버전을 쓰나?"라고 프레젠테이션의 본질에서 벗어난 질문을 던졌다고 치자.

"딱히 문제는 없어서 구버전 그대로 쓰려고요. 그리고 프레젠테이션에 관한 건데요, (신제품의 기술 향상을 중심으로 설명하려고 해요. 그리고 지난번 테스트결과를 어떻게든 발표 전에 완성해 그래프로 소개할 거예요.)"

이렇게 질문의 프레임에서 벗어나 프레젠테이션에 대해 설명한다면 어떤 질문에든 같은 결과를 낼 수 있다.

질문은 계기에 불과하다. 아니, 오히려 절호의 기회라고 할 수 있다. 대화에서 주도권을 쥐고 이상적인 시나리오를 만드는 주체는 다름 아닌 '질문을 뛰어넘는' 당신이다. 결과적으로 당신에게 두려운 질문 따위는 세상에 존재하지 않으며, 오히려 질문이 너무나 기대될 것이다.

상대방이 상사여도 걱정할 필요 없다. 상사는 당신의 통제에 전혀 불만이 없다. 오히려 마음을 놓을 것이다. 왜일까?

당신이 상대방에게 가치 있는 정보를 제공한 덕분에 서로에
게 알찬 커뮤니케이션이 이루어지기 때문이다.

이쯤에서 생산적인 커뮤니케이션을 보장해주는 '질문을 뛰
어넘는' 대답법을 실천할 때 지녀야 할 마음가짐을 짚어보자.

- 질문의 프레임에 갇히지 않고, 대답을 자유롭고 창의적으로 디자
  인하겠다는 마음가짐을 갖는다.
- 대화에서 당신과 상대방의 목적을 의식하는 행동을 습관화한다.
- 당신과 상대방의 목적에 가치 있는 정보를 덧붙여 대답한다.
- (위에서 말한 목적이 불분명하거나 생각할 여유가 없을 때) 좋은
  질문의 가능성 3가지, 즉 '깊이 이해시키기', '대인관계 구축하기',
  '퍼포먼스 향상시키기' 중에서 적어도 한 가지를 실현하기 위한 가
  치를 추가해 대답한다.
- 질문을 뛰어넘는 대답이 대화의 주도권을 쥐고 이상적인 시나리오
  를 그려준다는 사실을 명심한다.

부처가 일으킨 '대답법'의 기적

소크라테스가 질문 연구의 아버지라면 부처는 대답 연구의 선구자라고 할 수 있다.

부처는 불교의 난해한 교리를 수도승은 물론 신도, 일반인, 살인자, 심지어 식인종도 이해할 수 있을 만큼 일상적인 비유를 들어 상대방의 능력, 기질, 언어에 맞춰 말하는 '대기설법'으로 다양한 질문에 답했다. 물론 '질문을 뛰어넘는 대답'도 구사했다. 예를 들어보자.

정령   숲에 살고 마음이 차분하며 청정한 수도승들은 하루에 한 끼밖에 먹지 않는데, 어째서 그렇게 안색이 밝은 것입니까?

부처   그들은 지나간 일을 생각하며 슬퍼하지 않고, 미래에 매달리지 않으며, 현재에 충실히 살아갈 뿐이다. 그래서 안색이 밝고 환한 것이다. 그런데 어리석은 사람은 미래에 매달리고 지나간 일을 생각하며 슬퍼하기 때문에 시든다. 잘려나간 풀처럼 말이다.

정령의 질문 자체는 문득 머릿속을 스친 의문이다. 수도승의 안색에 관한 사소한 질문에 대해 부처는 "불법을 수행하고 있기 때문이지요"라고 질문 자체에만 충실히 짧게 대답해도 전혀 문제가 없었을 것이다.

하지만 부처는 정령의 의문을 단순한 질문으로 치부하지 않았다. 소중한 기회가 찾아왔기 때문이다. 그리고, 질문의 프레임을 뛰어넘어 대답함으로써 질문의 가능성 중 하나(깊이 이해시키기)를 훌륭하게 꽃피웠다.

구체적으로는 대답에 불교의 근본 사상 중 하나인 '제행무상(만물은 늘 이동하며 한순간도 멈추지 않는다)의 가르침'을 덧붙여 질문을 뛰어넘음으로써 상대에게 불교의 심오한 지식을 전했다. 짧은 대답으로는 결코 이루지 못했을 목적을 부처는 사소한 질문을 발판으로 삼아 뛰어넘음으로써 달성한 것이다.

부처가 살아 있을 때는 부처의 가르침을 받은 많은 이가 '깨달음'을 얻었다고 한다. 아마 '질문을 뛰어넘는 대답'을 활용한 부처의 설법이 요즘 시대에는 일어날 수 없는 기적을 일으키는 데 적잖이 공헌했음이 틀림없다.

3장
?
'대답법'의
기본 7원칙

◉

질문을 어떻게 뛰어넘어 대답할지는 온전히 당신에게 달렸다.

2장 마지막 부분에서 이야기한 마음가짐을 염두에 두고 당신의 개성, 능력, 배려심을 마음껏 발휘하면 원했던 커뮤니케이션 성과를 손에 넣을 수 있다.

누구든 일의 성패를 좌우하는 갈림길에 서기 마련이다. 이때 어떻게 하면 당신과 상대방의 목적에 부합하는 가치를 추가해 대답할 수 있는지는 4장에서부터 소개하겠지만, 예로 드는 대답을 하나하나 기억할 필요는 없다. 원래 커뮤니케이션이 이뤄지는 상황은 제각각이어서 예문을 외워도 큰 도움이 되지 않는다. 이런 기술을 자신의 상황에 맞게 자유자재로 활용할 줄 알아야 한다.

그런데 '질문'과 '대답'은 커뮤니케이션의 질을 좌우하는 떼려야 뗄 수 없는 관계다. '질문'과 '대답'에서 최대한의 이익을 얻으려면 질문과의 협조성과 신뢰성을 반드시 확보해 대답해야 한다.

질문에 대한 협조성과 신뢰성을 확보하기 위해 '대답하는 이'가 반드시 지켜야 하는 7가지 대원칙이 있다.

지금부터 설명할 7원칙에서 벗어나 대답하면 질문자는 대답을 잘 이해하지 못한다. 그러면 대답을 이해하지 못하는 데서 오는 손실을 만회하려고 서로 노력해야 하기 때문에 커뮤니케이션이 비효율적일 뿐만 아니라 긴장감과 스트레스를 느낀다.

하지만 7원칙을 준수해 대답하면 질문자가 내용을 쉽게 이해해 대화가 순조롭게 이뤄진다. 또한 당신을 '질문을 뛰어넘는 대답', 즉 건설적이고 영향력 있는 대답으로 이끌어줄 것이다.

질문자에게 필요한
완전한 정보를 제공하라

'질문을 뛰어넘는다'는 것은 질문에 직접 드러나지 않은 유익한 정보를 추가해 대답하는 행동을 말한다. 따라서 질문을 뛰어넘으려면 먼저 질문이 묻는 정보를 되도록 완전히 제공하겠다는 마음가짐을 지녀야 한다.

당연한 말이라고 생각할지도 모르지만, 질문했다가 불만족스러운 답변 메일을 받아본 적이 한 번쯤은 있지 않은가? 불완전한 대답은 대화에서도 심심치 않게 찾아볼 수 있다.

A 내일 회의에선 무엇에 대해 이야기하나요?
B 세 가지 의제에 대해서요.

글로 적어놓으니 얼마나 어리석은 대답인지 더욱 와 닿을 것이다. B는 회의에서 다룰 의제가 무엇인지 아는 듯하다. 그런데 '어떤 세 가지 의제에 대해서 이야기한다'는 불완전한 대답을 했다. 이렇게 불완전한 대답은 두 가지 문제를 일으킨다.

먼저, 질문자는 불완전한 대답에 만족하지 못한다. 회의에서 여러 의제를 다룬다는 사실은 누구나 아는 상식이다. 당연한 사실을 확인하려고 굳이 질문했을 리가 없다.

사전에 회의 내용을 파악해 대비하고 싶은 A는 "그 세 가지 의제가 뭔데요?" 하고 처음 질문과 거의 같은 질문을 되풀이하거나 다른 방법으로 정보를 입수해야 한다. 어느 쪽이든 비효율적이다.

두 번째 문제는 질문자가 불완전한 대답에 회의를 품을 수도 있다는 점이다. 예를 들어 A와 B의 대화가 주변 상사나 동료에게도 들리는 상황이라고 치자. B는 회의에서 어떤 의제를 다룰지 알고 있는 눈치인데, 구체적인 내용을 언급하는 대신 '세 가지 의제'라고 불완전한 대답을 했다. 그렇다면 '둘의 대화를 듣고 있는 누군가에게는 달가운 이야기가 아니라서 얼버무린 것일지도 모른다'고 A가 추측해도 이상하지 않다.

질문자에게 이런 불만과 불신을 심어주지 않고 최상의 협력 관계를 만들려면 가능한 한 완전한 대답을 제공하도록 노력해야 한다.

간결함은 '길이'가 아니라 '정도'에 달렸다

대답은 간결해야 한다. 간결하게 대답하면 이해하기 쉬울 뿐만 아니라 대화 자체가 경쾌해져 질문자에게 협조적이기 때문이다. 다만 간결함을 흔히 '길이가 짧은 것'이라고 생각하기 쉬운데, '길이'는 우선순위가 아니라는 점을 명심해야 한다.

'간결함'은 상대방이 쉽게 이해할 수 있도록 정보를 어디까지 넣고 뺄 것인가라는 '정도'의 문제다. 길이가 아닌 내용으로 판단해야 한다.

같은 질문을 두 사람에게 해보자.

Q 어제 ABC사 영업은 어땠어?

A 지하철 운행이 지연돼서 약속 시각에 거의 딱 맞게 도착
했어요. 도착하자마자 노트북을 켰는데 갑자기 멈춰서
바짝 긴장했지만 그 뒤에는 모두 순조로웠어요. 인사팀
채용 담당자와 개발 담당자도 만났어요. 프레젠테이션을
한 뒤에는 질문이 쏟아졌어요. ABC사에서 가장 신경 쓰
는 건 비용이더라고요. 하지만 우리 가격은 충분히 경쟁
력이 있고…

B 느낌은 좋았어요.

A와 같은 대답을 스토리텔링이라고 한다. 일어난 일을 시간
순서대로 전하는 방식이다. 이 방식은 명확한 목적이 있는 강
연이나 프레젠테이션에 활용하면 효과적이지만 대답에 활용하
면 스트레스를 야기할 수 있다. 이야기에 요점이 없고, 이야기
가 언제까지 이어질지도 가늠하기 힘들기 때문이다.

또한 어떤 결론이 나올지 모르는 상태가 하염없이 이어진다.
이야기 중간에 "그래서 결론이 뭔데?" 하고 말을 끊지 않는 이
상 끝까지 듣고 있을 수밖에 없다.

한편 B처럼 대답이 너무 짧으면 대화가 방향성을 잃고 끊기
거나 질문자가 울며 겨자 먹기로 대화를 이어가려는 노력을 해
야 하므로 이야기의 흐름이 정체되기도 한다. 정보 자체만 놓

고 봐도 부실하다.

너무 장황한 대답과 너무 짧은 대답 모두 피해야 한다. 상대방에게 협조적이고 간결한 대답은 상대방이 충분히 이해할 수 있으면서도 대화 흐름에 지장이 없는 길이여야 한다.

또한 글이 아닌 말로 이뤄지는 커뮤니케이션에서는 말해야 할지 고민되는 내용도 대답에 넣는 편이 좋다. 상대방의 이해를 방해하기보다는 대답의 길이가 조금 긴 편이 안전하고 효율적이라는 점은 이미 1장에서 설명한 바 있다.

'대답법'이 투명성의 시작이다

'투명성'은 21세기의 키워드다. '투명성'이라는 단어가 '올바른 정보가 오픈된 상태'라는 뜻으로 널리 쓰이기 시작한 것은 2001년이었다. 당시 미국 역사상 최대의 부정회계를 저질러 파탄에 이른 에너지회사 엔론을 시작으로 기업 부정 스캔들이 줄을 잇자 회계 투명성을 요구하는 목소리가 높아졌다.

여기에 2006년에 창립된 위키리크스가 아프가니스탄 분쟁과 이라크 전쟁에서의 가혹 행위를 적나라하게 밝히고, 미국 오바마 대통령이 2008년 대통령 선거에서 '역사상 가장 투명성 있는 정권을 확립하겠다'고 공약했으며, CIA 전 요원 에드워드 스노든이 내부고발을 하면서 '투명성'이라는 키워드는 전 세계로 퍼져 정착했다.

이런 사건은 언뜻 일상의 커뮤니케이션과는 거리가 먼 세상에서 일어난 일처럼 보인다. 하지만 투명성은 '질문'과 '대답'이라는 커뮤니케이션 행위에 기반을 둔다. 투명성을 극대화하려면 반드시 '서로에게 정확한 정보를 제공하겠다는 마음으로 묻고 대답해야' 하기 때문이다.

또한 투명성을 지향하는 세상에서 거짓과 은폐는 쉽게 들통난다. 뉴스만 봐도 잘 알 수 있다. 거짓과 은폐로 인해 낭떠러지로 떨어지는 것은 한순간이지만 무너진 신용을 회복하는 데 터무니없는 시간이 든다는 사실은 사회생활을 해본 사람이라면 잘 알 것이다.

사람들이 '진실을 말하는 사람(또는 기업이나 조직)을 신뢰한다'는 점은 틀림없는 사실이다. 신뢰에 기반을 둔 관계는 생산적이고, 이익을 창출하며, 개인과 조직을 성공으로 이끈다. 여기에는 이견이 없으니 반드시 명심하자.

진실하게 대답하지 않으면 밝은 미래도, 성공도 없다.

근거를 일상화하라

75% 이상의 신뢰 얻기

데이터나 문헌과 같은 근거(바뀌지 않는 증거)가 학술, 법률, 의료 분야의 전유물이었던 시대는 지났다. 글로벌 기업 22개 사의 직원 5,000명을 대상으로 시행한 최근 조사에 따르면 이들 중 81%가 데이터를 참고로 결정을 내리며, 자신의 경험과 직감으로 결정하는 사람은 19%에 그쳤다.

이 조사는 업무 의사결정에 관한 것이었지만, 데이터를 참고로 결정을 내린 4분의 3이 넘는 사람들이 업무 이외의 생활에서도 데이터를 근거로 평가하고 결정해 행동하리라는 점은 쉽게 짐작할 수 있다.

근거가 없으면 의사결정의 필수요소인 신뢰성이 결여된다. 하지만 적절한 근거가 있으면 4분의 3이 넘는 사람의 신뢰를 얻을 수 있다. 이렇듯 지금은 근거가 깊이 침투한 시대다.

그러니 대답에 설득력을 더하고 싶다면 근거를 보태야 한다. 직장에서든 일상에서든 마찬가지다.

대답에 근거를 보태는 가장 손쉬운 방법은 자신의 생각을 말한 뒤 꼭 이유('왜냐하면…')를 덧붙이고, 뒤이어 예시('예를 들면…')를 넣는 것이다. 이를 습관처럼 만들어야 한다. 물론 적절한 근거(최강의 근거라면 더할 나위 없이 좋다)를 골라 적당한 길이로 대답해야 한다.

칼로 물 베기인 부부 싸움 원만히 해결하기

근거를 들어 대답을 뒷받침하면 설득력이 커질 뿐만 아니라 불합리한 의논과 대립을 피할 수 있어 협조적 관계도 유지된다.

예를 들어 당신의 배우자가 스테이크를 만들었다고 생각해보자. 그러고는 당신에게 "맛이 어때?"라고 묻는다. 안타깝지만 차마 맛있다고는 할 수 없는 맛에 당신은 솔직하게 "맛없어” 하고 대답했다. 상대가 맛이 없다는 당신의 단 한 마디만 듣고 “그치?” 하고 단번에 이해하고 “좋은 피드백 고마워”라고 당신에게 고마움을 표하려면 당신이 ‘요리의 달인’쯤은 되어야 한다. 맛이 없는 이유를 굳이 보태지 않아도 당신은 프로 중에서도 제일가는 요리사로서의 권위가 있기 때문이다.

물론 당신이 그 분야의 전문가가 아닌 이상 당신에게 요리의 맛을 평가할 권위는 없다. 그럼에도 불구하고 근거를 제시하지 않으면 어떤 일이 벌어질까?

스테이크의 맛과는 전혀 상관없는 다른 권위를 ‘맛없다’는 단어로 표현하고 있는 것으로 받아들여질 수 있다. ‘나는 무려 야근을 하고 돌아왔다고’, ‘내가 더 수입이 많잖아’, ‘내가 더 능력 있는 사람이야’처럼 말이다. 당신이 실제로 그런 권위를 등에 업고 있는지는 별개의 문제다. 평소 사이가 어땠는지와도 상관이 있겠지만, 실제로 그렇지 않더라도 상대방이 오해할 소지는 충분하다.

하지만 이렇게 말하면 어떨까?

고기가 퍼석퍼석해(이유). 스테이크는 뭐니 뭐니 해도 육즙이 살아있어야 하지 않을까?(예시) 지난주에 갔던 양식집처럼 말이야.

당신의 부정적인 감상은 근거를 바탕으로 요리에 대한 권위를 얻는다. 상대방은 당신의 감상을 진실하게 받아들여 설득력이 생기고 대화는 순조롭게 흐를 가능성이 커진다. 물론 너그러운 말투를 곁들이면 대화가 원만히 이뤄질 확률이 더욱 높다.

상황에 맞는 효과적인 근거를 고르려면 어느 정도 노력이 필요하다. 하지만 보상은 차고도 넘칠 만큼 크다. 일에서도 일상생활에서도 당신에게 금세 권위를 가져다줄 테니 말이다.

그리고 그 권위는 양질의 데이터와 마찬가지로 상당히 객관적이고 민주적이다.

강약의 연관성을 조절해 대답하라

빗나간 대답이야말로 불붙기 쉬운 발화점이다

'대답할 때 질문과 크게 관련 없는 내용도 덧붙이면 좋다.' 이 말은 맞을까, 틀릴까?

시간이 없을 때나 간단한 정보를 신속하게 교환하는 경우를 예외로 치면 답은 '맞다'이다.

사실 질문 뛰어넘기의 기본은 '질문과 직접적으로 큰 관련이 있는 내용만 대답해서는 안 된다'이다. 커뮤니케이션 능력을 발판 삼아 성공하려면 아주 중요한 문제다. 이유가 뭘까? '혁신하는 데 필요한 능력은 무엇인가?'라는 질문과 나란히 생각해보면 알기 쉽다.

펜실베이니아주립대학교 와튼스쿨의 제프리 다이어 교수진은 스티브 잡스(애플 CEO), 제프 베조스(아마존 CEO), 니클라스 젠스트롬(스카이프 창업자)을 비롯해 25명의 독창적인 경영자와 3,500명에 이르는 혁신적인 기업가에 대해서 6년 동안 연구를 진행했다. 연구 결과, 혁신가는 '연관 짓는 힘', '질문력', '관찰력', '네크워크', '도전정신'이라는 다섯 가지 능력을 공통으로 갖추고 있다는 사실을 발견했다.

'질문력'에 관심이 가는 독자가 있을 텐데, 이 점에 대해서는 뒤에서 설명하겠다. 지금 주목해야 할 점은 다섯 가지 능력 중 '연관 짓는 힘'이 다른 네 가지 능력의 주축 역할을 한다는 사실이다.

'연관 짓는 힘'은 겉으로는 무관해 보이는 사실을 엮어서 창조성을 극대화하는 능력이다. 다양한 경험과 지식을 쌓은 사람일수록 뇌는 더욱 많이 연관 짓고, 그중에서 유의미한 연관성 몇 가지가 혁신을 이끈다.

이와 같은 현상은 '질문'과 '대답'에도 들어맞는다. '질문'과 '대답'은 기본적으로 연관성이 꼬리를 물고 이어지기 때문이다.

일단 질문과 관련 있는 정보를 덧붙여 대답하면 상대방은 대답과 관련 있는 내용을 질문하거나 코멘트할 것이다. 이후에는 더욱 깊은 내용을 고민하고, 질문하고, 코멘트하는 과정을 거듭하면서 대화가 성립한다.

경험과 지식이 풍부할수록 대답의 내용이 풍부해질 것이라는 점은 쉽게 짐작할 수 있다. 그런데 질문과 직접 관련 있는 내용만 대답한다면 어떨까? 대답은 질문의 틀에 머무르고, 당연히 당신의 값진 경험, 지식, 아이디어를 전할 수 있는 범위가 좁아져서 이를 살릴 기회를 잃는다.

하지만 대답할 때 간접적이고 관련성이 적은 내용까지 언급하면 이야기의 범위가 확대돼 당신의 폭넓은 능력을 전할 수 있다.

당신과 상대방은 더욱 자유롭게 서로의 경험, 지식, 아이디어를 공유하게 될 것이다.

이야기가 꼬리에 꼬리를 물고 이어지고, 그중 몇 가지 '질문'과 '대답'에서는 불꽃이 튀어 반짝이는 아이디어를 만들어낸다. 연관성이 작은 생각이 모여 혁신이 일어나듯 말이다.

이렇듯 연관성이 작은 간접 정보는 커뮤니케이션의 연쇄반응을 일으키는 강력한 계기가 된다.

혁신은 '대답법'에서 탄생한다

앞선 연구는 혁신을 꾀하려면 가설에 도전하고, 정반대로 생각하고, 제약을 기회로 삼아야 한다고 말한다. 또한 '왜?', '만약 …라면 어떨까?', '왜 안 되는 거지?', '어떻게 하면 좋지?'와 같은 확장형 질문이 혁신에 도움이 된다고 말한다. 하지만 1장에서 질문의 한계에 대해 설명했듯이, 아무리 좋은 질문을 해도 좋은 대답이 뒷받침되지 않으면 소용이 없다.

그렇다면 좋은 대답을 하려면 어떻게 해야 할까?

대답에 '연관성이 작은 간접 정보'를 적극적으로 넣자. 또 자신의 지식, 경험, 아이디어를 적극적으로 넣어 '질문'과 '대답'의 생산적인 연쇄반응을 만든다면 혁신의 원동력이 될 것이다.

다만 한 가지 주의해야 할 점이 있다.

바로 업무적인 커뮤니케이션에는 늘 목표가 있다는 점이다. 연관성이 작은 대답은 목표달성 프로세스를 크게 벗어나 역효과를 불러오기 십상이다. 그러니 늘 목표를 의식하면서 최종적으로 목표달성에 공헌할 수 있을 만큼의 연관성을 지닌 대답을 내놓아야 한다.

즉, 질문과 관련 있는 대답의 폭이 상당히 넓다는 사실을 의식하자. 그런 다음 연관성의 강약을 조정하는 것이 이상적인 대답법이다.

'애매함'은 전술의 일부로만 사용하라

비즈니스에 만연한 중의적인 대답의 애매함

질문하는 사람은 어떤 대답에 가장 고마움을 느낄까?

뭐니 뭐니 해도 알기 쉬운 대답이다. '빈틈없이 설명하는 대답', '앞을 내다본 대답', '요점을 잘 파악한 대답'도 좋지만, 대답이 상대방에게 전해지지 않으면 아무런 소용이 없다.

또한 대답을 이해하느라 애를 먹고, 울며 겨자 먹기로 대답의 진위를 추측하고 싶은 사람은 없다. 하지만 우리는 의미가 애매한 표현을 너무나도 많이 주고받는다.

애매한 표현은 크게 두 가지 유형으로 나뉜다. 첫째, 말 자체를 이해하기 힘든 표현과 둘째, 두 가지 이상의 뜻을 나타내는 표현이다. 두 가지 유형 모두 흔히 찾아볼 수 있는데, 대인관계는 물론 국내외 마찰까지 불러일으킬 수 있는 위험한 불씨다.

이 중에서도 질문자를 당혹스럽게 하는 표현은 두 가지 이상의 뜻을 나타내는 애매한 대답이다.

"신입사원은 어때?"

"그런 신입은 처음이에요."

이 대답만으로는 신입사원이 일을 잘하는지 못하는지 전혀 파악할 수 없다.

두 가지 이상의 뜻으로 해석될 수 있는 애매한 대답은 질문자에게는 고문이나 마찬가지다. 왜냐하면 GOOD과 BAD, 혹은 YES와 NO라는 정반대의 가능성 사이에서 이러지도, 저러지도 못하는 상황에 처하기 때문이다. '그런 표현이 있었던가?' 하고 고개를 갸웃할지 모르지만, 비즈니스 관용어가 바로 그 전형적인 사례다.

대표적인 예가 "검토해보죠", "한번 생각해보겠습니다"이다. 비즈니스에서뿐만 아니라 다양한 상황에서 자주 쓰는 표현인데, 특히 의사결정을 해야 하는 비즈니스 대화의 막바지에 등장할 때 문제가 된다.

"검토해보죠", "한번 생각해보겠습니다"는 과연 무슨 뜻을
품고 있을까?

① 말 그대로 검토해본 다음 대답하고 싶다.
② 나의 대답은 NO이고 검토도 하지 않겠지만 예의상 하는 말이다.

이렇듯 정반대 뜻으로 쓰는 경우가 대부분이다. 대답에 따라
매일 희비를 달리하는 영업직에게 진심 어린 위로를 보낸다.
이와 비슷한 대표적인 관용어로 '어렵다'는 표현도 있다. 비
즈니스에서 의사결정을 할 때 심심치 않게 등장하고, 일상적인
대화에서도 자주 쓰는 표현이다. 단순한데다가 너무 흔한 말이
어서 뜻을 깊이 생각하지 않고 사용하고 있을지도 모르겠지만
말이다.
그렇다면 '어렵다'는 무슨 뜻일까?

① 절대로 안 된다.
② 어렵기는 하겠지만 가능성은 0%가 아니다.

"검토해보죠"와 마찬가지로 YES와 NO라는 정반대의 뜻을
지닌다.
특히 도무지 어렵다는 말이 어울리지 않는 일을 두고 "어렵

다”고 말하면 혼란스럽다. 또는 상대방이 ‘어렵다’고 해서 거절 의사를 밝힌 것이라고 생각했는데, 알고 보니 그렇지 않은 경우도 있다. ‘어렵다’는 말을 단순히 입버릇처럼 쓰는 사람도 있다.

‘어렵다’는 말을 습관처럼 입에 달고 지낸다면 영어로 말할 때도 그대로 직역하고 있을지 모르니 주의해야 한다. “It's difficult”라는 말은 거의 불가능한 상황을 가리키는 말이어서 비즈니스 상황에서는 함부로 입 밖에 내지 않는다. 쉽게 포기하는 끈기 없는 사람이라는 인상을 주기 때문에 치명적이다.

이런 비즈니스 관용구는 영어로 일을 하는 경우 “Let me consider it”, “It's difficult”라고 직역해 입 밖으로 꺼내기 쉽고, 겉으로는 어색하게 느껴지지도 않는다. 하지만 영어권에서는 일반적인 상황에서 “Let me consider it”이라는 말만으로 대화를 끝맺지 않으며, 반드시 이에 수반하는 약속과 의사결정 시기를 언급한다. 이미 말했듯이 “It's difficult”는 자주 쓰는 표현이 아니라는 사실도 명심하자.

오해가 있을까 봐 이야기하면, 비즈니스 관용구를 사용하지 말라는 이야기가 아니다. 이런 관용 표현은 어떻게 사용하느냐에 따라 가치가 달라진다는 점을 알아야 한다.

각각의 비즈니스 의사결정 상황에서 관용구를 사용할 때는 반드시 상대방의 상황을 고려하며 내용에 살을 덧붙여야 한다. 즉, 대답할 때는 투명성을 확보하기 위해서 거부 의사나 답변 기한을 명확히 비즈니스 관용구에 추가해 대답해야 한다. 서로의 시간을 절약하고, 불확실성을 제거함으로써 일의 효율화를 도모하며, 양호한 협력관계를 구축하기 위함이니 적극적으로 실천하자.

1초 아니면 수억만 년?

두 가지 이상의 뜻으로 읽힐 수 있는 애매한 표현이 또 있다. 바로 시간과 양에 관한 표현인데, 사용 범위가 훨씬 넓어서 누구든 빈번히 맞닥뜨린다.

예1

A 이 프로젝트 언제부터 하셨어요?

B 꽤 오래됐어요.

예2

A 배송비는 얼마나 드나요?

B 꽤 비싸요.

예1의 B는 자신이 프로젝트에 참여하고 있는 기간을 명확하게 알고 있을 것이다. 그럼에도 불구하고 '오래됐다'는 애매한 표현을 사용해 대답했다. 이는 "2주 동안일 수도 있고, 10년 이상일 수도 있어요"라고 말하는 것과 다를 바 없다.

적당히 얼버무리는 표현이지만 콕 집어 대답하고 싶지 않은 사정이 있는 듯한 미심쩍은 인상을 풍기는 것이 사실이다. 게다가 프로젝트에 얼마만큼의 노력을 들였는지 궁금해서 기간을 물어본 상대방에게는 폐쇄적이고 쓸모없는 정보다.

물론 특정할 수 없는 길이에 대해서는 '오래됐다'는 표현을 써도 무방하다. 하지만 시간이 '오래됐다'는 말은 1초에서부터 수억만 년에 이르기까지 그 폭이 넓다.

폭을 좁혀 대답해야 한층 값진 정보가 된다. '장기간에 걸쳐', '최근', '짧다', '얼마 가지 않아', '이제 곧', '조만간'과 같은 표현도 마찬가지다. 시간에 관한 표현은 가능하다면 명확하게, 구체적인 시간 범위를 특정해 대답해야 한다는 점을 명심하자.

예2도 흔한 대화다. 금액에 대해 서로 공통된 기준이 있다면 '비싸다', '싸다'라는 표현을 써도 무방하다. 하지만 그렇지 않다면 '비싸다', '싸다'는 대답은 무의미하다. 금전 감각은 사람의 개성만큼이나 제각각이어서 개인의 기준은 믿을 것이 못 된다. 즉, 대답하는 사람이 객관적이고 유용한 정보를 제공한다고 보기 어렵다.

정확한 배송비 또는 배송비의 범위를 좁혀 전하는 것이 질문자에게 협조적이면서도 효율적인 대답이다. 양이 '많다', '적다'는 표현도 마찬가지다.

애매한 대답을 피하고 싶다면 다음 말을 명심하자. 말을 모호하게 흐리는 대답은 전략적으로 필요한 경우에만 한다. 귀찮다는 이유만으로 모호하게 대답해서는 안 된다.

모호하게 대답하면 그 순간만큼은 모면할 수도 있다. 하지만 조금 번거롭더라도 명확한 커뮤니케이션을 의식적으로 습관화하자. 세상의 변화 속도가 너무나 빠른 요즘 시대에는 애매함을 제거해야 효율성과 투명성을 확보할 수 있고, 그래야만 당신과 상대방이 경쾌하게 발을 맞출 수 있다.

'어렵다'는 말은
마지막의 마지막까지 금물이다

　　뉴욕에 사는 M은 난생처음으로 임플란트 치료를 받게 되었다. 두 명의 치과 의사를 소개받았고, 어느 의사에게 치료받을지 정하기 위해 두 병원을 찾았다.

　M은 상담을 마치고 무척 정중하게 치료과정과 위험성을 설명해준 의사에게 수술을 받기로 결심했고, 수술 날짜를 예약하기 위해 의사에게 전화를 걸었다. 전화를 건 김에 마음먹고 다음과 같은 질문을 던졌다.

　"치아 두 개를 임플란트 하고 싶은데, 할인 제도가 있나요?"

　접수 담당자는 의사에게 전화를 돌렸다. 의사는 다음과 같이 대답했다.

　"어려운 수술이어서 할인은 되지 않습니다."

　M의 결심은 의사의 이 한마디에 흔들렸다. '할인이 되지 않는다'는 말에 충격을 받았기 때문이 아니었다. '어려운 수술'이라고 말한 의사에게 수술을 맡겨도 좋을지 불안해졌기 때문이

었다.

물론 생명의 위험을 동반하는 수술이라면 의사가 환자에게 '어렵다'고 사실대로 말해야 할지도 모른다. 하지만 M은 임플란트 치료를 '어렵다'고 말한 의사에게 자신감이 결여돼 있고 기술도 미숙할 것이라고 느꼈다.

결국 M은 다른 치과 의사에게 수술을 받았다. 결정은 어렵지 않았다. M은 첫 번째 의사에게 했던 질문을 다른 의사에게 되풀이했다. 두 번째 의사의 대답은 다음과 같았다.

"일상적인 수술이니 걱정하실 필요 없습니다. 수술결과에 만족하실 테니 할인은 따로 되지 않습니다."

'어렵다'는 표현을 사용했을 뿐인데 전문가로서의 자신감이 결여된 듯 들리고, 이로 인해 기회 자체를 잃을 수도 있다.

최적의 대답을 구성하라

지금까지 설명한 원칙1에서부터 원칙6까지를 준수하면 질문을 뛰어넘기 위한 기초체력 다지기는 끝난다.

그런데 여러분 중에는 커뮤니케이션 능력을 한층 더 높이 끌어올리고 싶은 직장인도 있을 것이다. 더욱 효과적으로 리더십을 발휘하고 싶은 관리자, 협상에서 성과를 거두고 싶은 영업자, 존재감 있는 발언을 하고 싶은 사원처럼 말이다. 원칙7에서는 어떻게 하면 짜임새 있는 대답을 할 수 있는지 '상급자를 위한 대답 구성법'을 통해 알아보자.

다른 구성법으로 대답의 가치를 강조하라

같은 내용을 전할 때도 다양한 구성법을 쓸 수 있다. 같은 답이 나오는 수식을 생각해보면 이해하기 쉽다.

A. 1+2+3+4+5+6+7=28

B. [{(1+2)+(3+4)+(5+6)}]+7=28

C. (1+2+3+4)+(5+6+7)=28

D. (1+3+5+7)+(2+4+6)=28

E. [{(1+2+3+4+5+)×2}−2]=28

A~E는 제각기 정보를 배치하는 방법이고, 각각의 숫자는 당신이 지닌 정보이며, 우변은 결론을 나타낸다고 가정해보자.

당신은 지금 클라이언트와 한창 통화 중이다. 클라이언트가 "프로젝트 일정에 대해서 다시 설명해주세요"라고 부탁했다. 당신은 어떤 구성 방법을 택할 것인가?

전화통화라는 조금 특수한 커뮤니케이션 상황에서, 심지어 프로젝트의 일정(내용)에 대해 알기 쉽게 설명하려면(목적) 되도록 단순하게, 정보를 직선으로 배치해 상대방에게 전해야겠다는 생각이 자연스레 들지 않을까? 그렇다면 당신은 A를 선택했을 것이다.

상황, 내용, 목적에 따라 최적의 구성법을 선택하면 상당히 큰 장점이 있다. 바로 정보가 단숨에 짜임새 있게 조직되어 상대방이 이해하기가 한층 수월해진다는 점이다.

커뮤니케이션에서 가장 중요한 점은 '상대방에게 어떻게 전하느냐'다.

대답은 상황에 맞춰 유연하게 구성해야 하지만 실제로 대답을 어떻게 구성할지 신경 쓰는 사람은 그리 많지 않다. 왜일까?

특정한 정보배열법에 익숙해지면 그것이 자신의 기본값이 돼 계속 그 방법만 쓰게 되기 때문이다. 기본값은 대부분은 직업적인 경험과 트레이닝에 의해 형성된다.

예를 들어 과학자는 데이터를 다방면으로 분석해 결론을 배열하고, 교사는 커리큘럼에 따라 순서대로 지도하는 직업 특성상 시간의 흐름에 따라 정보를 배열하는 데 익숙할 것이다. 변호사는 삼단논법에 따라 논파하려고 할 것이다.

당신의 정보배열 기본값은 당신의 전문 분야에서는 가장 좋은 방법일지 모른다. 하지만 모든 상황에서 최고의 커뮤니케이션을 보장해주지는 않는다는 사실을 명심하자.

늘 가장 잘 어울리는 구성법을 선택하라

그렇다면 이제 무엇을 해야 할까? 상황에 가장 적절한 구성 방법을 선택하려면 기본값 이외의 다른 정보 구성법에 마음을 열고 실제로 방법을 적용해보며 익숙해져야 한다.

지금부터는 대표적인 정보구성법 여덟 가지를 간략히 소개한다. 각 구성법의 특징과 적용법을 설명하고 예문도 넣었다. 예문은 "향후 2~3년, 주식시장의 동향은 어떨 것 같아?"라는 당신의 질문에 대해 경력과 직업이 가지각색인 친구 여덟 명에게 돌아오는 대답이라고 생각하자.

① 시간 순서형

특징: 시간의 흐름에 따라 정보를 나열한다. 시간은 거슬러 올라가든 내려가든 좋다. 특정 시기 또는 과거-현재-미래, Before-During-After로 비교해 정보를 나열한다. 이 방법과 비슷하지만 시간이 아니라 과정에 따라 단계별로 정보를 나열하는 방법을 '직렬형'이라고 부른다.

적용: 정보를 시간과 과정의 흐름에 따라 제시하는 가장 기본적인 방법이다. 혼란을 막기 위해 기간을 명시해야

한다. 또한 직렬형으로 대답할 때는 '먼저', '다음으로', '그리고 나서', '마지막으로'와 같은 접속사를 활용해 흐름을 명확히 하자.

예문: 과거 10년 동안의 트렌드를 보면 주식은 상승할 거야. 2005년에는 40%나 올랐지만 이듬해에는 10% 오르는 데 그쳤어. 그리고 그 이듬해에는 10%가 떨어졌는데 그다음 해에는 40%나 올랐거든.

② 원인-결과형

특징: 먼저 상황에 대한 원인을 제시한 뒤에 그 결과를 언급한다.

적용: 원인과 결과를 명확히 전달할 수 있으므로 문제해결을 위한 행동을 제안하기에 적합하다.

예문: 어찌 되었든 경제정책도 나쁘지 않고, 에너지 비용도 저렴하니까 주식은 오를 거야.

③ 주장-이유-증거형

특징: 설득력을 지니기 위해 꼭 필요한 3요소(주장, 이유, 증거)를 배열한다.

적용: 설득력 있게 의견을 피력하고 싶다면 언제든지 활용할 수 있다.

예문: 주식은 오를 거야. 왜냐하면 그 어느 때보다 고액 상품
소비가 활발하거든. 일례로 올해 외제차 판매율은 5%
나 늘었대.

④ 스페이스형

특징: 특정 위치에 해당하는 내용에 따라 정보를 배치한다.

적용: 특정 내용과 다른 내용의 공간적 관련성이나 위치관계
를 쉽게 상상할 수 있다. 지리를 포함한 정보를 구성하
는 데 유용하다.

예문: 전국 대부분의 지역에서 조금씩 경제가 성장하고 있
대. 북부에서는 새로운 공장건설이 한창이고 서부에서
는 농업 수입이 오르고 있어. 남부에서는 관광산업이
순조롭게 확대되고 있다고 해. 이런 움직임에 비춰보
면 주식은 상승할 거야.

⑤ 문제해결형

특징: 정보를 문제와 해결 방법으로 나누어 배열한다. 문제
부분에서는 근거를 들어 문제를 설명하고, 해결 방법
부분에서는 해결 방법과 함께 해결 방법의 장점을 설
명한다.

적용: 특정 행동이나 의견의 문제점을 지적하고, 더욱 좋은

해결 방법을 도입하게끔 설득하는 데 효과적이다.

예문: 주식시장의 동향에 대해 정확한 조언이 필요하다면 적어도 주식 전문가 세 명과는 상담을 해봐야 할 거야.

⑥ 이익-불이익형

특징: 문제를 좋은 면과 나쁜 면으로 나누어 각 정보를 배열한다.

적용: 문제의 장단점을 통해 전체를 이해하므로, 객관적이고 공정한 검토가 필요할 때 유용하다.

예문: 주식은 향후 2, 3년 동안 상승할 걸로 보여. 주가는 부동산이나 귀금속보다 상승률이 높을 걸로 예상되고, 기업에 우호적인 정부정책도 변함없을 테니까. 다만 좋은 주식을 고르는 노하우가 필요하고, 주가가 떨어지면 언제 되팔아야 할지 결정하기 어렵다는 점이 문제지.

⑦ 비교-대조형

특징: 두 가지가 넘는 내용의 유사점과 차이점에 대해 정보를 배열한다.

적용: 다른 내용과의 유사점과 차이점을 검토함으로써 문제를 더욱 깊이 이해할 수 있다.

예문: 다른 투자와 비교해보면 주식은 앞으로 2, 3년은 오를 걸로 보여. 주식은 토지나 미술품에 비해 손쉽게 매매할 수 있잖아. 모든 투자가 그렇지만 살 때는 충분히 조사하고 전문가에게도 조언을 구해야 해.

⑧ 토픽형

특징: 문제를 카테고리별로 나누어 배열한다.

적용: 가장 흔하고 널리 쓰이는 방법이다. 다른 정보구성법이 적절하지 않을 때 사용한다.

예문: 가까운 미래에는 아마 에너지, 의약품 관련주가 오를 거야. 제조 쪽은 요즘 들어 실적이 좋지 않아. 금융 쪽은 일반적으로는 나쁘지 않은 선택이라고들 해. 대기업보다 중소기업의 상승이 가파르다는 점도 고려하면 좋아.

같은 질문에도 이렇게 다양하게 대답할 수 있다!

이렇게 놀랐으면 좋겠다. 여덟 명의 유능한 친구들은 저마다 관점은 다르지만 내용을 이해하기 쉽게 구성해 조언해주었다. 하지만 앞으로는 친구에게 도움을 구할 필요가 없다. 대답할 때 언제든지 여덟 가지 대답 구성법을 직접 활용할 수 있기 때

문이다. 커뮤니케이션의 상황, 내용, 목적에 맞는 최적의 구성
법을 골라 대답하면 된다.

　질문을 한 상대는 당신에게 고마움을 느낄 것이다. 대답의
짜임새가 좋아서 이해하기 쉽고, 대답의 가치를 여실히 느낄
수 있기 때문이다.

4장
?
1단계 리프:
어떤 상황에서든
자유자재로 의견을
피력하려면

◉

이번 장부터는 드디어 응용편이다.

질문을 뛰어넘는 기술의 기본, 즉 당신과 상대방의 목적에 가치 있는 정보를 덧붙여 대답하는 기술은 이미 앞장을 통해 이해했을 것이라 믿는다. 또한 질문을 뛰어넘기 위해 알아둬야 할 '대답법의 기본 7원칙'에 대해서도 설명했다.

이제 실제로 활용하고 익숙해져서 자신과 상대방 모두에게 만족스러운 커뮤니케이션을 실현하는 일만 남았다. 그래서 지금부터는 자신과 상대방의 목적을 달성하기 위해서 대답에 어떤 가치를 넣어 질문을 뛰어넘으면 좋을지 구체적인 기술을 살펴보려고 한다.

누구나 맞닥뜨리는 중요한 커뮤니케이션 상황에서 질문을 뛰어넘으면 정말로 당신의 인생이 바뀔 수도 있다는 점을 느끼게 될 것이다.

① '스프링보드'를 활용해 어떤 질문에든 술술 답하기

인생을 좌우하는 절체절명의 순간의 구세주

누구든 질문에 말문이 턱 막혔던 적이 있을 것이다. 당신이 질문을 뛰어넘을 줄 안다면 더는 이런 후회를 할 일이 없다. 앞서 설명했듯 당신에게 두려운 질문이란 존재하지 않으며, 오히려 대답할 기회를 주는 질문이 너무나 기다려질 것이기 때문이다.

'에이!' 하고 의심의 눈초리를 거두지 않는 독자들을 위해 먼저 '어떤 상황에서든지 자유자재로 자신의 의견을 피력'할 수 있는 기술을 소개한다.

먼저 질문에 말문이 막히는 경우는 크게 두 가지 패턴으로 나눌 수 있다.

패턴A

회의, 프레젠테이션, 면접에서 듣는 이를 눈앞에 두고 지식이 부족하거나, 깜빡 잊었거나, 너무 긴장한 나머지 대답이 막히는 경우다.

사례 ①

자사 제품을 소개하는 프레젠테이션을 완벽히 끝내고 한숨 돌리고 있을 때, "지난주 OO사가 발표한 제품과는 기술적으로 어떤 차이가 있나요?"라는 질문에 허를 찔렸다. 물론 "지난주에 발표되었기 때문에, 자세한 내용은 지금부터 조사하겠습니다"라고 솔직하게 대답하는 것도 하나의 방법이다.

하지만 이렇게 말하면 마이너스를 받기 십상이다. 이 자리에서 자사 제품의 우월성을 어필하지 못한다면 너무 아쉽다. 또한 이 질문 하나가 프레젠테이션의 결점이 되면 얼마나 애석하단 말인가.

패턴 B

　사전에 질문을 예측해 대답을 준비했는데도, 막상 중요하지 않은 질문만 나와서 미리 준비한 짜임새 있는 대답이 고개를 내밀 틈이 없는 경우다.

사례 ②

취업 면접을 떠올려보자. 진지한 태도로 면접에 임하는 지원자라면 면접을 보기 전에 "우리 회사가 당신을 채용해야 하는 이유는 무엇인가?"라는 질문에 대한 답을 상상해보았을 것이다. 그리고 같은 업종에서 인턴십을 했던 경험을 어필해야겠다고 생각하면서 대답을 준비했다.

그런데 예상은 보기 좋게 빗나갔다. 면접관은 "대학교에서는 어떤 수업을 들었나요?", "5년 뒤 당신은 어떤 모습일 것 같나요?"와 같은 질문만 늘어놓을 뿐, 인턴십 경험에 관해서는 언급조차 하지 않는다. 자신을 강력하게 어필할 기회를 놓친 채 면접은 잔혹하게도 끝이 나고 말았다.

이 패턴은 무사히 취업에 성공한 뒤에도 어김없이 일어난다.

사례 ③

제조업체에서 일하는 당신이 고객사인 대리점을 방문했다고 치자. 대리점 직원은 신제품, 가격할인, 과거 담당자의 근황 등에 대해 계속해서 질문을 던진다. 그런데 '새로운 상사가 중국 시장에 관심이 많으니 지금보다 더 힘을 합쳐 중국시장으로 진출해보자'는 정작 당신이 이야기하고 싶은 중요한 내용은 입 밖에도 꺼내지 못한 채 다음 약속장소로 가야 할 시간이 다가오고 말았다.

이런 세 가지 경우와 맞닥뜨리면 보통 '나는 왜 이렇게 운이 없지?'라고 생각한다. 운명의 장난 때문에 기회를 놓쳤다고 생각하는 것이다. 하지만 이는 큰 착각이다. 당신이 기회를 놓친 것은 운명이어서도 아니고, 당신의 능력과 경험이 부족했기 때문도 아니다.

그렇다면 대체 무엇이 문제였을까? 이유는 단순하다. 당신이 상대방의 질문에 너무 충실히 대답한 나머지, 대화의 주도권이 완전히 상대방에게 넘어간 것이다.

이런 문제를 해결하려면 어떤 상황에서든 자신의 의견을 자유자재로 피력하는 데 필요한 정보를 추가해 질문을 뛰어넘으면 된다. 질문을 뛰어넘으면 대답하는 당신이 대화의 주도권을 쥐게 된다. 이로써 스스로 운명을 만들어나가는 것이다.

사례 ①~③에서 어떻게 질문을 뛰어넘으면 좋은지는 이번 장 마지막에 예시 대답을 정리할 테니 참고하기 바란다.

질문에 너무 충실한 대답에서 도약하기

그렇다면 어떻게 해야 커뮤니케이션의 운명을 바꿀 수 있을까? 어려울 것 같지만 알고 보면 무척 쉽다. '스프링보드'라는 훌륭한 커뮤니케이션 도구가 있기 때문이다.

'스프링보드'란 도약판을 말한다. 뜀틀을 뛸 때나 수영에서 다이빙을 할 때 높이 뛰어오르기 위한 보조 도구다. 이 책에서 말하는 '스프링보드'란 대화를 원하는 방향으로 뛰어넘기 위한 발판이 되는 짧은 키워드나 구절을 말한다.

스프링보드 활용법을 알아두면 인생을 좌우하는 절체절명의 순간에도 가뿐히 질문을 뛰어넘어 대화의 주도권을 쥘 수 있으므로, 대화가 생각대로 풀리지 않아 상심하는 일도 사라질 것이다.

필자가 일본의 대형 음료회사에 근무하는 N에게 주주총회에서 진행할 프레젠테이션을 지도했을 때의 일화를 소개한다. 그룹 트레이닝 과정에서 N이 프레젠테이션을 한 뒤 다른 참가자와 질의응답을 했다. 그때 나온 질문 중 하나와, 그에 대한 N의 대답은 다음과 같았다.

질문자 판매량이 가장 많았던 건 이번 달인가요?
N 12월입니다.

N의 대답이 질문의 프레임에 완전히 갇혀 있다는 점이 느껴지는가? N은 질문 자체에만 대답하고 있다. 즉, 질문자에게 대화의 주도권을 완전히 넘겨주었다.

물론 질문이 요구하는 정보만 신속히 제공해야 할 때도 있다. 하지만 주주총회는 N에게 어느 때보다 중요한 자리다. 연습이라서 다행이지만 실제 상황이었다면 되돌릴 수 없다. 주주총회는 N과 N이 전하는 내용에 경영진, 주주, 비즈니스 파트너가 조용히 귀를 기울이며 주목하는 드문 기회이니 말이다.

프레젠테이션을 할 때 사람들은 적잖은 준비를 한다. 방대한 자료를 읽고 긴 시간을 들여 조사한 만큼 프레젠테이션 내용에 대해서는 세상에서 가장 잘 아는 전문가라고 해도 좋을 정도로 많은 정보를 가지고 있다.

N도 마찬가지다. 시간제약 때문에 프레젠테이션에서는 언급하지 못했지만 꼭 이야기하고 싶은 다양한 마케팅 활동이 프레젠테이션 준비를 거듭할수록 머릿속에 넘쳐났을 것이다.

그러니 질문을 하늘이 준 기회로 생각하라. 그리고 스프링보드를 활용해 질문을 뛰어넘음으로써 대화의 주도권을 쥐고 정보를 전달해야 한다. 그렇지 않으면 N에게나 듣는 이에게나 큰 손실이다.

N의 상황으로 돌아가 보자. 다음과 같이 대답하면 어떨까?

12월입니다. 그리고 꼭 알아주셨으면 하는 중요한 점이 있습니다. 매년 이 시기에는 신제품을 몇 가지 출시했는데요, 올해 주요 상품 중 하나는…

12월입니다. 그리고 중요한 과제가 바로 최저 판매량을 보이는 달, 즉 2월에 어떻게 판매량을 늘릴까 하는 점입니다. 이미 몇 가지 방안을 실행하고 있고…

두 대답 모두 질문에 대해 12월이라고 직접적으로 대답하고 있다. 그런 다음, 짧은 문장 '그리고 꼭 알아주셨으면 하는 중요한 점이 있습니다', '그리고 중요한 과제가 바로'라는 말을 스프링보드로 활용해 주주총회 참석자들에게 전하고 싶은 정보(마케팅에 대한 노력)로 매끄럽게 뛰어넘고 있다. 이것이 바로 스프링보드를 활용해 질문을 뛰어넘는 방법 중 하나다.

프레젠테이션에는 넣지 못한 정보를 스프링보드를 활용해 제공했고, 주주총회 참석자들이 더욱 깊이 이해할 수 있는 정보를 제공함으로써 자신의 목적을 달성했다. 또한 자신이 전하고 싶은 메시지로 도약한 덕분에 다음과 같은 효과를 볼 수 있다.

대답하는 사람은 질문에 의존하지 않아야 대화의 주도권을 쥐기가 수월해진다.

왜냐하면 N이 대답한 뒤, 주주총회 참석자가 N이 언급한 마케팅 활동에 대해 질문할 가능성이 크기 때문이다. 이런 질문이야말로 N이 기대했던 질문이다. 하지만 이는 우연이 아니다. N의 대답이 이 상황을 만들어낸 것이다.

자연스럽게 질문을 뛰어넘어
메시지를 전달하는 법

키워드 테크닉

스프링보드 기술에는 두 가지 종류가 있다. 바로 '키워드 테크닉'과 '리다이렉팅 테크닉'이다.

앞서 살펴본 N의 예에서는 덧붙이는 말을 스프링보드로 활용한 리다이렉팅 테크닉을 사용했다. 리다이렉팅 테크닉에서는 원칙적으로 대답하는 이가 어떤 질문에든 자신이 전하고자 하는 메시지로 질문을 뛰어넘을 수 있다.

하지만 처음부터 리다이렉팅 테크닉을 쓰면 타이밍을 놓치거나 부자연스러울 수도 있으니, 먼저 이런 문제를 쉽게 해소할 수 있는 키워드 테크닉으로 스프링보드 활용 감각을 익혀보자.

키워드 테크닉이란 질문 속 특정 키워드를 선택해 스프링보드로 활용함으로써 전하고자 하는 내용으로 뛰어넘는 방법이다. 어떤 사람이 다음과 같은 질문을 했다고 치자.

한국의 인터넷 통신판매는 어떻게 변화하고 있나요?

이 질문 속에는 '한국, 인터넷, 통신판매, 변화'라는 네 가지 키워드가 들어 있다. 물론 이 단어들을 조합해(인터넷 통신판매, 판매의 변화, 인터넷의 변화, 한국의 통신판매, 한국의 변화 등) 스프링보드로 삼아도 좋다.

중요한 점은, 질문을 들으면서 당신이 전하고자 하는 메시지로 위화감 없이 뛰어넘을 수 있는 키워드를 선택해야 한다는 것이다. 질문에 대한 직접적인 답변은 처음이나 마지막에 오면 좋다.

한국(선택한 키워드)은 저희 회사의 주요 시장으로 자리 잡았습니다. 올해 부산에 새로운 지점을 설립할 예정입니다(전하고자 하는 정보). 인터넷 통신판매도 증가할 것으로 보입니다(질문에 대한 짧은 대답).

<u>한국의 통신판매 실적은 별로 좋지 않습니다</u>(질문에 대한 짧은 대답). <u>한국의 변화 속도</u>(선택한 키워드)가 더딘 데다가, 특히 한국 소비자가 해외 상품을 구입하기 위해 <u>신용카드를 사용하는 데 아직 소극적이기 때문입니다</u>(전하고자 하는 정보).

키워드와 전하고자 하는 메시지 사이에 밀접한 관련이 있을수록 질문을 자연스럽게 뛰어넘을 수 있다는 점은 말할 필요도 없고, 유연하고 번뜩이는 발상으로 연결하는 당신의 능력까지 보여줄 수 있다. 질문 속에서 키워드를 골라 대답하기 때문에 질문에 협조적으로 대답하고 있다는 인상을 준다는 점도 키워드 테크닉의 장점이다.

하지만 선택한 키워드와 전하고자 하는 정보 사이에 어느 정도의 연관성이 필요하기 때문에 대담하게 화제를 전환하기에는 무리가 있다. 따라서 키워드 테크닉과 뒤이어 설명할 리다이렉팅 테크닉을 상황에 따라 적절히 나누어 사용하면 자연스럽게 질문을 뛰어넘을 수 있을 것이다.

키워드 테크닉은 다음과 같이 정리할 수 있다.

질문: 키워드1+키워드2+키워드3+키워드4

대답 옵션1: 키워드1~4 중 하나를 선택해 전하고자 하는 메시지의 운을 뗀다+질문에 대한 답변으로 마무리한다.

리다이렉팅 테크닉

전하고자 하는 메시지와 질문 속 키워드를 연관 짓기가 도저히 힘들 때가 있다. 이럴 때는 짧은 문장을 스프링보드로 삼아 질문 내용과는 다른 화제로 전환하는 리다이렉팅 테크닉을 활용해보자.

리다이렉팅 테크닉의 순서는 다음과 같다.

① 어떤 메시지를 구축할지 정한다.
② 스프링보드로 삼을 적절한 문장을 선택한다.

순서는 상황에 따라 바뀔 수도 있다. 대답하기 어려운 질문이 불쑥 들어와서 스프링보드 문장을 말하면서 대답을 생각해야 하는 경우다.

① 전하고자 하는 메시지를 구축한다
앞서 언급한 N의 대답 중 하나를 예로 들어보자.

"12월입니다. 그리고 중요한 과제가 바로 최저 판매량을 보이는 달, 즉 2월에 어떻게 판매량을 늘릴까 하는 것입니다. 이미 몇 가지 방안을 실행하고 있고…"

여기에서 N은 리다이렉팅 테크닉을 활용했다. N의 대답은 '질문에 대한 짧은 답변(12월입니다) ⇨ 이어주는 말(그리고 중요한 과제가 바로) ⇨ N이 전하고자 하는 정보(최저 판매량을 보이는 달…)'의 순서로 구성되어 있다. (접속사 '그리고'는 상황에 따라 생략해도 좋다.)

질문에 대한 짧은 답변과 전하고자 하는 정보의 연결이 밀접할수록 대답 전체가 자연스럽다.

이처럼 최고 판매량을 보이는 12월에서 최저 판매량을 보이는 2월로 연결하면 전하고 싶은 메시지를 어색함 없이 매끄럽게 전할 수 있다. 실제로 커뮤니케이션 능력이 뛰어난 사람은 어떤 질문에든 최적의 스프링보드를 마련해 전하고자 하는 메시지로 매끄럽게 뛰어넘는다.

또한 문장을 이어주는 말을 스프링보드로 활용하면 크게 어색한 대답이 되지는 않을 테니 걱정할 필요 없다. 자신감을 갖고 대화의 주도권을 쥐고자 하는 의지가 무엇보다 중요하다. 부디 자신감을 갖고 도전해보기 바란다.

② 비장의 카드가 될 '이어주는 말'을 마음에 새기자

스프링보드로 삼을 말은 상황에 맞춰 최적의 문장을 선택해야 한다. 다만 스프링보드로 삼을 말을 고르는 데 익숙해지기까지는 시간이 걸리지도 모르니, 어느 상황에서든 쉽게 응용할 수 있는 대표적인 구절 몇 가지를 소개한다.

* 기억해야 할 점은…
* 더욱 중요한 과제는…
* 이 점을 다르게 생각하면…
* 이 사실에서 떠오르는 건…
* 제가 드리고 싶은 말은…

이런 말을 기억해두면 곤란한 상황에 처할 일은 없다. 또한 말의 취지가 같다면 위의 예문과 토씨 하나까지 똑같을 필요는 없다. 이밖에도 다양한 표현이 있으니, 입에 붙는 자신만의 좋은 표현을 찾는다면 스프링보드를 활용해 질문을 뛰어넘는 기술이 한층 세련돼질 것이다.

리다이렉팅 테크닉을 정리해보면 다음과 같다.

질문에 대한 짧은 답변+(그리고)+이어주는 말+전하고자 하는 메시지

스프링보드를 활용해 기사회생한 사례

이쯤에서 4장 맨 처음에 언급한, 인생을 좌우할 절체절명의 세 가지 시나리오를 떠올려보자. 위험을 회피하려면 어떻게 해야 할까? 예시 대답을 소개한다.

사례 ①

프레젠테이션을 마친 뒤 질의응답시간에는 밑도 끝도 없는 질문이 나오곤 한다. 하지만 패닉에 빠질 필요는 전혀 없다. 당신은 이미 질문을 유유히 뛰어넘는 방법을 알고 있다.

"지난주 OO사가 발표한 제품과는 기술적으로 어떤 차이가 있나요?"라는 허점을 찌르는 질문이 나왔다. 어떻게 대답하면 좋을까? 여기에서는 리다이렉팅 테크닉을 사용해보자.

아직 OO사의 기술에 대한 자세한 정보를 입수하지 못했습니다. 앞으로 조사하겠습니다. 다만 제가 드릴 수 있는 말씀은(이어주는 말), 이미 1,000개가 넘는 회사가 저희 회사 제품을 사용하고 있고, 저희 회사 제품으로 바꾼 뒤에 고객서비스에 들이는 시간이 평균 19%나 감소했다는 사실입니다.

질의응답시간은 제한된 시간 때문에 프레젠테이션에서 설명하지 못했던 내용, 재차 강조하고 싶은 내용, 깜빡하고 말하지 못한 내용을 이야기할 수 있는 마지막 기회인 만큼 놓쳐서는 안 된다.

또한 듣는 이는 프레젠테이션 자체보다 질문에 답하는 태도를 더 잘 기억한다는 사실이 과학적으로 증명된 바 있다. 즉, 프레젠테이션에서 최대한의 성과를 내려면 질의응답시간에 질문을 적극적으로 뛰어넘어야 한다.

사례 ②

취업 면접을 보는 중인 당신은 동종 업계 인턴십 경험을 이야기하면서 자신을 어필하고 싶다. 하지만 면접이 끝을 향해가는 지금, 인턴십 경험은 한 번도 언급하지 못했고 "대학교에서는 어떤 수업을 들었나요?"라는 질문을 받았다. 후회를 남기지 않으려면 어떻게 대답해야 할까?

여기에서는 키워드 테크닉을 활용해보자.

주로 경제학과 컴퓨터에 관한 수업을 들었습니다. 그리고 <u>양쪽 수업</u>(질문 속 키워드) 모두 작년 여름에 했던 인턴십에 큰 도움이 되었습니다. 인턴십을 하면서 다섯 개 프로젝트에 참여했는데, 귀사와 같은 업종에서 인턴십을 했던 소중한 경험은 업무를 하는 데 큰 도움이 되리라고 생각합니다.

면접관은 이제 당신의 인턴십 경험이 궁금해질 것이다. 키워드를 스프링보드로 적절히 활용해 질문을 뛰어넘은 당신의 대답이 면접관의 호기심을 유발한 덕분이다.

사례 ③

영업사원인 당신이 대리점을 방문하면 대리점 직원은 신제품, 할인, 과거 담당자에 대해 열심히 묻는다. 하지만 당신은 오늘이야말로 반드시 결판을 내고 싶다. 새로운 상사도 강력히 원하는 중국시장으로 진출하는 데 협력하겠다는 약속을 받아두고 싶다.

다음 약속장소로 이동해야 해서 주어진 시간이 5분밖에 없는 지금, 대리점 직원은 "A는 아직 이쪽 지역 영업 담당이에요?"라고 과거 담당자의 근황을 묻는다.

이런 상황에서도 키워드 테크닉으로 자연스럽게 운을 뗄 수 있다.

네, 여전히 바쁘게 일하고 있어요. 새로 온 상사가 <u>지역 영업</u>(질문 속 키워드) 담당자를 두 명 늘려줬어요. 상사 이름은 B인데, 중국시장 진출에 꽤 관심을 가지고 있어서…

3 목표를 명확히 정해 융통성 있게 달려가라

곤란한 질문을 받거나 하고 싶은 말을 꺼내기 어려운 분위기일 때 스프링보드를 활용해 질문을 뛰어넘으면 막강한 대답을 디자인할 수 있다.

이제 '질문'과 '대답'에 대한 생각도 변했을 것이다.

① 사람은 어떤 질문에든 잘 대답할 수 있다.

② 질문은 대답의 계기를 제공할 뿐이다.

③ 대답이 대화의 방향을 결정한다.

스프링보드를 활용하면 대답이 ①~③과 같은 막강한 힘을 갖기 때문에 어떤 질문도 두려워할 필요가 없다.

미국에서 가장 성공한 외교관인 헨리 키신저는 스프링보드의 힘을 가장 영리하게 이용한 대표적 인물이다. 키신저는 국가안전보장 담당 대통령 보좌관, 국무장관으로 재직 당시 소비에트연방과의 경직된 국면을 타개하고 베트남 전쟁 종결을 위한 파리협정 조인, 미중 화해와 같은 민감한 외교사안에 교섭의 달인다운 기지를 발휘했다. 덕분에 노벨평화상을 수상하기도 했다.

기자회견 도중 대답하기 곤란한 정치적 질문에 대처하는 키신저의 모습에서 그의 유연한 외교 수완을 엿볼 수 있다.

어느 날 기자회견에서 있었던 일이다. 키신저가 커뮤니케이션 능력의 비결을 드러내는 순간이었다. 키신저는 기자들 앞에 모습을 드러내자마자 다음과 같이 말했다.

"제 대답에 맞는 질문 있으신가요?(Does anyone have any questions for my answer?)"

이미 알고 있을지도 모르지만, 미국에서 기자회견을 알리는 전형적인 말은 "질문해주세요"로, 어떤 질문에든 답해야 한다는 전제가 깔려 있다. 이를 참고해 키신저의 표현을 해석하면 '어떤 질문을 받든 제가 하고 싶은 대답을 할 겁니다'라는 뜻이다. 즉, 질문이 무엇이든 간에 준비한 요점으로 질문을 뛰어넘어 대답하겠다는 의지를 드러낸 것이다.

예를 들어 기자 한 명이 키신저에게 밑도 끝도 없는 질문을 던졌다고 치자.

"지금 키우는 반려견은 무슨 색인가요?"

어떤 질문을 받든 자신이 하고 싶은 대답을 하겠다고 밝힌 키신저는 아마도 이렇게 대답할 것이다.

"갈색입니다. 아, 갈색이라고 하니 붉은색이 생각나는군요. 붉은색으로 상징되는 중국과의 동맹관계는 지금 미국이 가장 중요히 여겨야 할 문제입니다."

이렇게 '반려견의 색깔=갈색'이라는 키워드를 스프링보드로 활용해 미리 준비한 요점인 중국과의 문제로 뛰어넘어 자신의 메시지를 전할 것이다.

키신저의 기자회견 일화는 그의 뛰어난 외교술 이면에 스프링보드 기술을 구사하면서 상대방의 질문을 유연하게 뛰어넘는 대답이 있었음을 시사한다. 질문을 메시지를 전달하기 위한 절호의 기회로 삼아, 명확한 목적을 잃지 않으면서도 대답으로 커뮤니케이션의 주도권을 쥐는 기술이야말로 수많은 정치적 난관을 돌파하는 키신저만의 협상 비법이 아니었을까.

스프링보드 감각을 익히는 법

물론 스프링보드를 활용해 마구잡이식으로 마음껏 말하면 되는 것은 아니다. 질문에서 크게 벗어나 어색하고 엉뚱하게 뛰어넘으면 커뮤니케이션 자체를 해칠 수도 있다. 멋대로 질문을 비약하거나 노골적으로 자신의 문제만을 해결하기 위해 질문을 뛰어넘는다면 기피 대상이 될 수도 있다. 상대방이 불편함 없이 당신의 메시지에 귀를 기울일 수 있도록 자연스럽게 도약하는 것이 무엇보다 중요하다.

자연스러운 도약을 위한 연습 방법을 소개한다. 당신이 전하고 싶은 메시지와 연관성이 적은 질문부터 억지로 뛰어넘는 훈련을 하면 스프링보드의 감각을 효과적으로 익힐 수 있다. 간단한 퀴즈로 시험해보자.

퀴즈

당신이 다니는 직장(혹은 학교)의 중요한 정책을 하나 떠올려보자. 안전관리에 관한 정책일 수도 있고, 고객서비스에 관한 정책이거나 직원의 행동에 관한 정책일지도 모른다. 당신에게는 이 정책을 가능한 한 많은 사람에게 알려야 하는 임무가 주어졌다.

임무가 주어진 뒤 어머니, 친구, 이웃이 당신에게 다음과 같은 질문을 던졌다. 이제부터 스프링보드 기술을 활용해 정책을 홍보해보자. 앞서 소개한 키워드 테크닉과 리다이렉팅 테크닉을 떠올리면서 유연하고도 번뜩이는 발상으로 임해보자.

① 어머니: 아침밥은 뭐 먹었어?
② 친구: 내 장갑 못 봤어?”
③ 이웃: 내일 날씨 어떨까?”

샘플 대답

당신은 병원에서 일하는 직원이다. 병원 내 감염 방지를 위한 직원(의사, 간호사, 기술사)의 손 씻기 강화 캠페인이 병원의 중요한 정책이다.

스프링보드를 활용해 질문을 뛰어넘는 대답은 다음과 같다.

① 아침밥은 뭐 먹었어?

“팬케이크 먹었어요. 깜빡하기 쉽지만, 식사 전에는 꼭 손을 씻어야 해요. 손목부터 닦은 다음…”

② 내 장갑 못 봤어?

“자료실 책상 위에 있던데? 장갑을 벗고 나면 건강관리 차원에서 손을 씻는 게 좋대. 미국 보건복지부 가이드라인에는 의료 장갑을 착용하고 의료행위를 한 뒤에도 손을 씻어야 한다고 나와 있대.”

③ 내일 날씨 어떨까?

“비가 온대요. 비 온다고 하니까 생각났는데, 비가 오는 날에는 응급환자가 늘어난대요. 응급환자가 늘어나면 정신없이 바쁜데다가, 진찰한 뒤에는 반드시 최소 30초 동안은 손을 씻어줘야 해요.”

유의점 및 정리

당신이 소속된 직장, 학교의 중요한 정책이 무엇이든 스프링보드를 활용하면 불가능은 없다는 마음가짐이 중요하다. 그리고 질문을 잘 이해하고 자신의 목적을 이루기 위해 전해야 하는 정보를 강하게 의식하면서 대답을 디자인한 다음에는, 대답에 어울리는 최대한 자연스러운 키워드와 문구를 선택해야 한다.

현실적인 질문과 당신이 전하려는 정보의 연관성은 보통 이 퀴즈보다 농밀할 테니, 약간의 용기와 익숙함이 더해지면 상대방을 화제로 끌어들일 수 있는 완성도 있는 도약을 달성할 수 있을 것이다.

참고로 융통성이 없으면 스프링보드를 활용해 질문을 뛰어넘기 어렵다. 질문의 영역에 집착하면 뛰어오르지 못하거나 준비 자세가 흐트러지고 만다. 따라서 스프링보드를 활용할 때는 세세한 내용을 치밀하게 따질 필요는 없다.

스프링보드를 활용해 대답하기는 질문에 감사하면서 능숙하게 자기 생각을 펼치는 행동이다. 그러니 어려운 질문에 대답해야 할 때, 전하고 싶은 내용으로 대화의 흐름을 전환하고 싶을 때, 대화의 주도권을 쥐고 싶을 때야말로 스프링보드를 활용할 절호의 기회다.

마지막으로 오해가 있을까 봐 덧붙인다. 스프링보드를 활용해 질문을 뛰어넘는 행동은 결코 억지로 자기주장을 펼치기 위한 노하우가 아니다. '대답은 상대방의 질문을 완결짓는 것이 아니라 결실 있는 대화를 위한 시작'이라고 생각하는 협력적인 발상이 스프링보드 기술의 출발점이다.

질문을 뛰어넘어 대답하지 않으면 당신이 전하고자 하는 내용은 영영 어둠 속에 묻히고, 질문자 또한 대답에 포함된 정보가 가져다줄 이익을 전혀 누릴 수 없다. 반면 질문을 뛰어넘어 귀중한 정보를 공유하면 새로운 지식을 얻는 것은 물론, 서로 상상조차 하지 못했던 큰 성공으로 함께 날아오를 수도 있다.

5장
?
2단계 리프:
서로 효율적으로,
더욱 깊이 이해하려면

◉

커뮤니케이션에서 가장 중요한 요소는 무엇일까?

'상대방에게 잘 전달하는 것'이라고 생각했다면 상당히 아쉬운 대답이다. 이보다 결정적인 요소는 '상대방이 듣게 만드는 것'이다.

제아무리 말솜씨가 뛰어나도 듣는 이가 귀를 기울이지 않으면 말이 전해지지 않는다. 한창 게임에 열을 올리고 있는 친구가 건성으로 하는 대답을 떠올려보면 쉽게 상상이 된다.

그런데 '듣기'라는 단순한 행위가 점점 어려워지고 있다. 세상은 숨 가쁘게 흘러가고, 우리는 금방 싫증을 낸다. 주의가 산만해지고 생각은 얕아지고 있기 때문이다.

이 사실을 의식하지 않으면 영영 효과적인 커뮤니케이션을 할 수 없다.

단지 같은 시간, 같은 장소에서 상대방과 이야기를 나눈다는 사실에 만족해서는 안 된다. 한발 더 나아가 상대방이 당신의 이야기에 귀 기울이고 잘 이해하도록 도와야 한다.

이번 장에서는 대화 상대와 서로에 대해 효율적으로 깊이 이해할 수 있도록 집중력을 잃지 않고 흥미롭게 들을 수 있게 질문을 뛰어넘는 기술에 대해 알아보자.

1 '기승전결'과 결별하라

집중력이 모자란 사람의 사고 모드

10년 전과 비교했을 때, 당신의 집중력은 그대로일까? 기술의 발달과 함께 인간의 사고도 급속히 변화하고 있다. 대표적인 예가 '집중력 퇴화'다. 집중력 퇴화는 남녀노소를 불문하고 앞으로 점점 심화할 것으로 예상되는 심각한 문제다.

최근 연구결과에 의하면 인간의 평균 주의지속시간은 8초로, 지난 10년이 넘는 기간 동안 4초(30%)나 짧아졌다고 한다. 이는 금붕어의 평균 주의지속시간인 9초를 밑도는 수치다. 물속에 가만히 멈춰 있을 줄 모르고 늘 산만하게 움직이는 금붕어보다도 주의지속시간이 짧다니, 대체 우리의 사고는 어떻게 변하고 있는 걸까?

인간의 평균 주의지속시간은 텔레비전 프로그램 사이에 광고가 들어와 집중력이 분산되면서 짧아지기 시작했다. 그리고 20세기 말 이후, 정보의 바다에서 관심이 가는 대로 차례차례 하이퍼링크를 클릭해 정보를 얻는 인터넷 브라우징에 의해 눈에 띄게 단축되었다.

집중해서 책 한 권을 독파하는 행동 대신 웹사이트의 페이지를 10~20초(평균 1분 이하) 동안 쓱 훑어보는 행동이 습관으로 자리 잡으면 사고가 단편화한다. 사고가 단편화하면 금방 싫증을 내고, 주의산만하며, 생각이 얕아진다는 단점이 있다. 평균 주의지속시간이 4초나 줄어들었다는 사실은 지난 10여 년 동안 이런 현대적 사고 모드가 점점 일상으로 자리 잡았다는 점을 단적으로 보여준다.

흔히 사람들의 관심이 인터넷과 스마트폰으로 이동했기 때문에 책을 멀리하게 됐다고 생각한다. 하지만 독서를 하기 위해서는 이런 사고 모드를 독서 모드로 전환해야 하는데, 이때 발생하는 정신적 부담 때문에 독서를 멀리하게 됐다는 설명이 더 설득력 있다.

이제 중요한 과제는 '인간의 평균 주의지속시간이 8초로 짧아진 시대에 비즈니스 전략을 어떻게 바꾸면 좋을까'이다.

기업에서는 실제로 '고객이 필요한 정보를 단 10초 만에 찾을 수 있는 웹사이트 구축하기', '오래 기억에 남는 광고 만들기', '기업 이념과 콘셉트를 효과적으로 전해 직원의 구심력 높이기'와 같은 다양한 대책이 모색되고 있다.

하지만 일상에서 커뮤니케이션 전략을 어떻게 바꾸면 좋을지에 대한 구체적인 방안은 거의 마련되어 있지 않다. 일상적인 커뮤니케이션에 대한 대책도 지금과 앞으로의 비즈니스에 중요한 요소다.

다음 페이지의 그래프는 500개 글로벌 기업을 대상으로 한 조사결과로, 기존 고객과 신규 고객을 대상으로 한 비즈니스에서 '가상 커뮤니케이션(메일, 원거리 화상 회의, 텔레비전 회의, 소셜 네트워크)'의 효과를 '대면 커뮤니케이션'의 효과와 비교했다.

그래프를 보면 가상 커뮤니케이션보다 대면 커뮤니케이션이 신규 고객 확보 측면에서는 85%, 기존 고객과의 비즈니스에는 63% 더 효과가 좋다고 응답해, 압도적으로 많은 기업이 대면

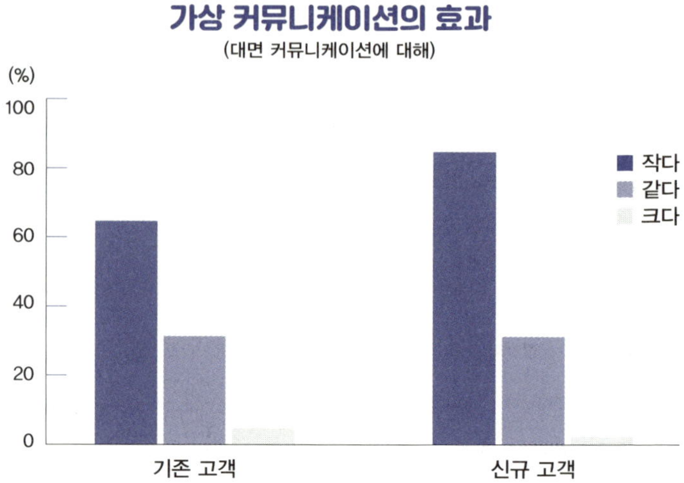

커뮤니케이션의 유효성을 인정했다.

다른 연구결과에서도 출장(해외 포함)에 1달러(약 1,080원)를 투자하면 수익이 12.5달러(약 1만 3,500원) 늘어나고, 이익을 3.8달러(약 4,100원) 창출한다는 사실이 드러났다.

위의 조사결과는 어떤 형태의 가상 커뮤니케이션으로도 쌓을 수 없는 신뢰성과 투명성을 대면 커뮤니케이션으로 쌓을 수 있다는 사실을 명확히 보여준다.

상대를 마주 보며 메시지를 전하는 노하우를 날로 변화하는 사고 모드에 맞추지 않으면 당신 또는 회사의 앞날에 번영은 없다.

시대착오적인 메시지 전달법

포춘 500대 기업 중 한 곳에 근무하는 신예 과학자 I가 투자자와의 상담을 준비하고 있었다. 필자가 그 과정을 도왔던 때의 이야기다. I는 당시 당뇨병을 진단하는 혁신적인 소프트웨어를 개발 중이었다. 제품의 매력을 투자자에게 어필해 향후 개발, 제조, 프로모션 활동을 위한 자금을 조달하고자 했다.

대학원을 졸업한 뒤 I는 15년이 넘는 기간 동안 의학 분야에서 우수한 업적을 세웠고, 프레젠테이션도 잘한다는 평이 자자했으므로 나는 기대감에 부풀어 "무엇을 개발 중인가요?"라고 첫 질문을 던졌다. 그런데 I의 대답을 30초 정도 듣고 "그만"을 외칠 수밖에 없었다.

I가 한 대답의 주요 내용은 다음과 같다. ①은 30초 동안 I가 이야기한 내용이고, 뒤이어 ②와 ③을 설명할 예정이었다. 어떤 점이 문제인지 함께 생각해보자. 힌트는 현대인의 평균 주의지속 시간이 8초라는 점이다.

① 당뇨병 소프트웨어 발명의 역사

지난 10년 동안 당뇨병 소프트웨어를 세 가지 버전으로 제작했고, 버전을 업데이트할 때마다 정확도가 향상되었다는 사실(30초 이후 설명하려고 했던 내용)을 설명한다.

② 타사의 동종 소프트웨어와 기술, 장점, 단점 비교

③ 최신 버전 소개

I가 뛰어난 이야기꾼이라는 점은 분명했다. 발표를 유창하게 진행했고, 말투에서는 자신감이 넘쳤다. 그럼에도 불구하고 단 한 가지 실수가 실패의 원인이 되었다. 특히 디지털 시대의 대답법으로는 적절치 못했다.

나는 I와 같은 실수를 하는 사람을 여러 명 보았다. I 같은 과학자뿐만 아니라 건축가, 미용사, 엔지니어, 의사, 컨설턴트, 대학교수 등 업종과 상관이 없고, 신입사원에서부터 관리직에 이르는 직함과도 전혀 상관이 없었다.

이제 문제점이 무엇인지 눈치챘는가?

I의 대답은 영락없는 자기만족성 대답이다.

내용을 상대방의 눈높이에 맞추려는 성의가 보이지 않는다.

I는 자신이 흥미를 갖고 있는 내용, 즉 '내가 소프트웨어 개발을 하게 된 역사', '나의 성공과 실패', '나에 의한 비교 분석'에 구구절절 시간을 들여 설명할 예정이었다. 정작 투자자에게 자금을 지원받아야 하는 '소프트웨어 최신 버전'에 대한 정

보는 '보너스' 정도로만 덧붙였다. I의 설명에 제목을 붙인다면 '훌륭한 이 몸이 마침내 개발해낸 소프트웨어'가 제격이다.

현대적 사고 모드에 맞추면
듣는 이의 지구력이 향상된다

I의 설명처럼 시간 순서에 따라 결론에 이르는 방식은 학생이나 데이터를 중시하는 직업을 가진 사람에게 익숙한 방식이다. 물론 당신을 무척 아끼는 가족, 친구, 동료라면 당신이 소프트웨어와 함께해온 역사를 궁금해할지도 모른다. 하지만 그 이외의 사람은 어떨까? I라는 인물보다 제품에 더 관심이 있는 투자자를 설득하기에 유효한 수단이 아니다.

투자자가 바라는 것은 경과보고나 추리소설의 대략적인 줄거리 같은 각각의 사실이 발전해 예상할 수 없는(때로는 극적인) 엔딩으로 치닫는 기승전결의 스토리가 아니다. 투자자는 그저 '평가해야 하는 것'에 대해 신속히 알고 싶을 뿐이다. 그런데 투자자가 가장 궁금해하는 중요한 내용을 대답 첫 부분에 언급하지 않으면 어떤 일이 벌어질까?

인간의 평균 주의지속시간이 금붕어보다 짧다는 점과 늘 신속한 판단으로 승부하는 투자자라는 직업 특성을 고려해볼 때 투자자는 I의 설명에 지쳐 집중력이 저하되고 흥미조차 잃고 말 것이다.

I처럼 시간 순서대로 이야기하는 정보전달방식은 여전히 동양 문화에 뿌리 깊게 박혀 있다. 대답 외에도 프레젠테이션, 회의 발언이나 보고, 가족과의 대화 등에서도 시간 순서대로 정보를 전하는 모습을 심심치 않게 볼 수 있다.

서양에서도 20세기 후반까지는 시간 순서대로 정보를 전달하는 방식이 주류를 이뤘고, 대통령 연설, 신부 설교와 같은 스피치와 학자의 논문에서도 흔히 쓰였다. 당시까지만 해도 시간적으로 여유가 있었고, 사람들은 이야기가 전개되면서 고조되는 스토리를 처음부터 끝까지 경청할 수 있는 인내심을 지니고 있었다.

하지만 사고가 단편화된 21세기 사람은 '결론에 이르는 과정'보다 '흥미'에 이끌린다.

'흥미'에 이끌린다는 말은 무슨 뜻일까? 예를 들면 웹 브라우징으로 정보에 접근해 '흥미' 있는 부분을 읽고, 다시 링크를 클릭해 표시되는 정보 중 '흥미로운' 부분만 훑어보기를 반복한다. 트위터와 같은 SNS에서는 비교적 짧은 텍스트에 응축된 정보 중 '흥미' 있는 내용을 리트윗하면서 커뮤니케이션이 이뤄진다.

이렇게 사고 모드가 단편화된 시대에 '옛날 옛적에…'라는 상투어로 시작해 마지막까지 클라이맥스를 기다려야 하는 스토리에 열심히 귀 기울이기란 결코 쉬운 일이 아니다.

다만 상당히 많은 이가 착각하고 있는데, 결론을 제일 먼저 말하면 무조건 좋다는 뜻은 아니다. 비즈니스에서는 이야기 초반에 상대방의 최대 관심사(최대 관심사가 무엇인지 모를 때는 일반적인 관심사)를 제시해야 큰 효과를 볼 수 있다. 최대 관심사를 통해 상대방의 집중력을 최대한으로 끌어올려 이야기에 귀 기울이게 해야 한다.

'상대방이 관심 있는 내용'과 '이야기의 결론'이 같을 때도 있지만 늘 그렇지는 않고, 애당초 결론이 존재하지 않는 이야기도 많다. 그러니 무턱대고 '결론을 맨 앞에'라고 단정했다면 당신의 대답은 아직 커뮤니케이션의 본질을 완전히 꿰뚫지 못하고 있을 가능성이 크다.

디지털 시대에
상대방의 관심을 끄는 대답법

상대방 마음속 진짜 질문에 주목하라

지금부터 힘이 들어간 설명으로 투자자를 사로잡을 수 있도록 I의 대답을 앞서 살펴본 구식 대답 대신 현대적인 사고 모드에 맞는 대답으로 수정할 것이다. 수정한 대답의 특징을 한마디로 요약하면 자기 중심에서 상대 중심으로 자세를 바꿔 질문을 뛰어넘는 것이다. 즉, 대답할 때는 자신보다 상대방의 목적 또는 상대방과 자신의 공통 목적을 만족시킬 수 있는 내용을 넣어야 한다.

그리고 상대 중심으로 대답할 때는 상대방의 목적 중에서도

특히 상대가 가장 큰 흥미를 지니고 있는 목적을 대답 첫머리
에 넣어 운을 떼면 좋다.

그렇다면 구체적으로 어떻게 해야 상대 중심으로 훌륭히 질
문을 뛰어넘을 수 있을까? 여기에는 중요한 포인트가 세 가지
있다.

포인트 ❶ 상대방의 마음속 진짜 질문에 대답하라

상대방의 마음속 진짜 질문이 바로 상대방의 관심사다. 예를
들어 투자자가 I에게 실제로 입 밖으로 꺼낸 질문은 "무엇을 개
발 중인가요?"이다. 하지만 투자자가 정말로 궁금해하는 점이
다른 내용이라는 사실은 투자자라는 직업과 대화 상황으로 쉽
게 짐작할 수 있다.

바로 "당신이 개발한 최신 소프트웨어에는 어떤 가능성이 있
는가?"가 진짜 질문이다.

말 자체가 완전히 일치하지는 않아도 말의 취지는 비슷할 것
이다. 특히 엔지니어 투자자는 세상을 놀라게 할 만큼 큰 임팩
트가 있는 프로젝트를 발굴해내고 싶을 테니 말이다.

I는 투자자가 가장 궁금해하는 질문에 대답해야 한다. 그래
야 상대방의 마음을 사로잡을 수 있다. 여기서는 '문제 제기-

해결 방법'이라는 단순한 구성으로 대답하면 된다. 이미 3장에서 소개한 대답 구성 방법이니 3장을 참고하길 바란다.

예시 대답은 다음과 같다.

문제 제기: 문제가 무엇인가

저는 전 세계 의료시장을 바꿀 새로운 소프트웨어를 개발 중입니다. 당뇨병 환자는 급속히 증가하고 있고, 8초에 한 명이 당뇨병으로 목숨을 잃습니다. 당뇨병을 치료하는 데 드는 비용은 매년 130조 원을 넘을 만큼 막대하지만 자신이 당뇨병을 앓고 있다는 사실조차 모르는 사람이 많습니다. 아프리카에서는 당뇨병 환자 중 80%가 자신이 당뇨병을 앓고 있다는 사실을 모른 채 지냅니다. 간편하면서도 저렴하게 당뇨병을 진단할 수 있는 방법이 없기 때문입니다.

해결 방법: 문제를 어떻게 해결하면 좋을까

그래서 간편하면서도 저렴하게, 또한 정확하게 당뇨병을 진단할 수 있는 소프트웨어를 개발 중입니다. 이 소프트웨어는 스마트폰 애플리케이션으로도 작동하며, 의료기관 직원이라면 누구나 쉽게 다룰 수 있습니다. 애플리케이션을 개발해 진단 내용을 확충하고 개발도상국으로 수출하려면 자금이 필요합니다.

이 대답법은 원래 질문인 "무엇을 개발 중인가요?"에 대한 직접적인 대답, 즉 I가 처음에 내놓았던 경험이나 개발 스토리와는 전혀 다르다. 듣는 이의 관심에 초점을 맞춰 '당신이 개발한 최신 소프트웨어에는 어떤 가능성이 있는가?'라는 진짜 질문에 대해 대답 첫 부분에 '전 세계 의료시장을 바꿀 새로운 소프트웨어를 개발 중'이라는 정보를 제시했다.

그 결과, 원래 질문을 뛰어넘은 '전 세계 의료시장을 바꿀 새로운 소프트웨어 개발'이라는 대답으로 상대방의 마음을 사로잡을 수 있다. 상대방의 마음속 진짜 질문을 예상해보면 상대방의 관심사에 호소하는 내용을 고르기는 그리 어렵지 않다.

한편 자기 중심에서 상대 중심으로 완전히 전환하려면 다음 두 가지 포인트를 동시에 행동으로 옮겨야 하는데, 이를 많은 이가 어려워한다.

포인트 ❷ 우선순위를 매겨 정보를 객관적으로 조직하라

다음으로 상대방의 마음을 사로잡은 맨 처음 문장을 논리적으로 확장해야 하는데, 뒤따르는 정보도 상대방의 입장에서 우선순위를 매겨 조직해야 한다.

그러려면 자신에게 중요한 정보, 가령 소프트웨어의 자세한 기술, 최신 버전을 개발하기까지의 과정을 많이 걸어내야 한다. 자신의 성공과 개발에 대한 이야기를 떨쳐버려야 한다니, 아쉬운 심정 잘 안다. 하지만 자신보다 상대방을 먼저 생각하자.

포인트 ❸ 상대가 누구인지를 알라

상대방을 잘 이해시키려면 먼저 '상대가 누구인지'를 알아야 한다.

당신에게는 당연한 정보, 가령 배경지식이나 기본지식일지라도 듣는 이가 모르거나 의식하고 있지 않을 것 같은 내용은 일부러라도 설명해야 한다. 그리고 설명을 할 때는 '상대가 누구인지'를 다시 떠올리면서 상대가 쉽게 이해할 수 있는 표현을 사용해 이야기하려고 노력해야 한다.

또한 인간의 정보처리 능력에는 한계가 있다는 사실을 잊어서는 안 된다. 상대에게 제공할 정보는 본질적인 것으로 제한해 상대방이 정확히 이해할 수 있도록 배려하자.

이렇게 상대방의 관심사를 고려해 상대 중심으로 질문을 뛰어넘으면 현대적 사고 모드에 부합하는 훌륭한 대답을 할 수 있다.

상대방의 관심사가 불분명한 경우

I의 사례에서는 투자자의 진짜 질문, 즉 상

대방의 관심사를 쉽게 예상할 수 있었다. 이를 통해 "저는 전 세계 의료시장을 바꿀 새로운 소프트웨어를 개발 중입니다"라고 상대방을 매료시킬 수 있는 말로 운을 뗄 때 상대가 마지막까지 귀 기울여 들을 수 있게 만들었다.

하지만 상대방의 관심사가 늘 명확하지는 않다. 관심사를 모를 때도 있고, 일상 대화에서 질문자는 애당초 대답의 내용에 전혀 관심이 없는 경우도 있다. 이를테면 "내년 연구개발 예산은 얼마인가요?"와 같은 질문 말이다. 질문자는 보통 단순한 정보가 필요할 뿐, 예산에 대해 특별한 관심을 두고 있는 경우는 거의 없다.

이럴 때는 대답의 포인트인 "1억 원입니다"로 대답의 운을 떼면 된다. 당신은 회사 예산에 대해 잘 알고 있고, 내년 예산에 관한 상세한 정보도 다수 알고 있을지 모른다. 이를테면 분기별 예산 배분, 예산 증가폭이 큰 이유, 예산 보정 가능성 같은 내용 말이다.

만약 그렇더라도, 아는 내용을 전하고 싶어서 입이 근질근질하더라도, 이런 정보는 일단 뒤로 미뤄두고 맨 처음에는 포인트를 언급해야 주의지속시간이 짧아진 상대방의 흥미를 끌 수 있다.

그런 다음 상황에 따라 자신과 상대방이 목적을 이루는 데 유용한 내용을 대답에 넣어 자유롭게 질문을 뛰어넘자. 예를 들어 "1억 원입니다. 덕분에 지난번 상품의 신뢰성 문제를 해결할 수 있을 것 같습니다"처럼 말이다.

혹시 '포인트'라는 말을 '요점'이라는 뜻으로 쓰고 있는가?

말로 이뤄지는 커뮤니케이션에서 '포인트'는 '요점'과는 조금 뜻이 다르다.

말로 이뤄지는 커뮤니케이션에는 두 종류의 포인트가 있다. 바로 '결론'과 '가지고 돌아갈 메시지'다. 이는 제각기 '(말하는 이가 이해한) 이야기의 결론', '(대화를 통해 듣는 이가) 가지고 돌아갈 중요한 사실'이다.

어느 쪽이 대답의 맨 처음에 오든 상관없지만 딱 한 가지만 선택해야 한다. 그러니 상황에 따라서 듣는 이에게 가장 가치 있는 정보가 무엇인지 판단해 제공해야 한다.

그런데 포인트를 대답의 첫 부분으로 끌어오면 왜 좋을까?

포인트는 결론 또는 이야기의 하이라이트다. 즉, 듣는 이의 흥미를 유발하는 방아쇠다. 상대방의 관심사가 불분명할 때는 상대방의 주의를 끌 수 있는 적절한 요소인 셈이다.

또한 듣는 이는 포인트를 듣고 이야기가 어떤 방향으로 전개될지 짐작하고, 상황에 따라서는 결론까지도 내다볼 수 있다. 이야기의 흐름을 애써 추측하지 않아도 이야기의 전체상을 파악해 이야기에 집중할 수 있다. 시간에 쫓겨 사는 현대인에게 제격이지 않은가.

포인트를 맨 처음에 두는 대답법을 정보처리용어로 '톱다운 (포인트로 시작해 설명하는 방식)'이라고 한다. 톱다운 방식은 과학, 기술, 경제 분야 전공자가 대학교나 대학원에서 학습하는 '보텀업(데이터와 역사에서 출발해 결론에 도달하는 방식)'과는 완전히 반대여서 톱다운방식으로 설명하는 데 서툰 경우가 많다.

이 이외의 분야 사람들은 톱다운방식에 익숙할까? 안타깝게도 그렇지 않다. 필자의 경험을 떠올려보면 대답방식이 톱다운인지 보텀업인지를 따지기 전에, 애당초 포인트가 무엇인지 모르는 채로 대화를 나누는 경우가 허다한 것이 현실이다.

디지털 시대에 듣는 이가 집중력을 잃지 않고 귀 기울일 수 있는 대답법은 무엇이 다른지 정리해보자.

20세기형	자기 중심 스토리텔링 근거가 먼저
디지털 시대형	상대 중심 '관심'에 의한 리드 포인트가 먼저

시대 변화에 민감하고 최신 IT지식에 밝은 사람도 시대에 뒤처진 커뮤니케이션방식으로 인해 손해를 보는 경우가 상당히 많다. 상대 중심으로 업데이트해 대답하기만 하면 된다. 그러면 생각보다 멋진 일이 일어난다. '상대 중심으로 질문을 뛰어넘는 대답'은 서로를 효과적으로 잘 이해할 수 있게 돕고, 결과적으로 다양한 이익으로 되돌아올 것이다.

3 '상대 중심으로 질문을 뛰어넘는 대답'으로 집중력을 극대화하라

늘 효율적으로 커뮤니케이션하는 기술

물론 '상대 중심으로 질문을 뛰어넘는 대답'이 투자자의 질문에 열심히 설명해야 하는, 조금은 특수한 상황에서만 유용한 것은 아니다. 회사에서 동료와의 대화나 이웃, 친구, 가족과의 대화에도 가볍게 응용할 수 있다.

회사에서 자주 접하는 일상적인 질문을 살펴보자. 가령 "회의는 어땠어?"라는 질문을 받았다고 치자. 실제로 최근에 참석한 회의를 떠올리며 대답해보자. 대답은 어떤 언어로 하든 상관없다. '상대 중심으로 질문을 뛰어넘는 대답'은 언어를 초월한 기술이기 때문이다.

무엇보다 상대가 중심이 되어야 한다는 점이 중요하다. 이 질문의 경우, 상대방이 회의의 어떤 점에 관심이 있는지 유추하기 힘들기 때문에 포인트가 되는 '결론'을 우선 제시해 상대의 흥미를 끌면 좋다. 상대방이 쉽게 이해할 수 있도록 본질적인 내용은 제한적으로 고르고, 필요하다면 기본적인 정보까지 포함한다. 예시 대답을 살펴보자.

좋지 않은 대답

OO이 작년 판매 데이터를 소개한 다음 11월 주문이 급감한 이유에 대해 설명했어. 주문이 급감했던 건 작년의 이상 저온현상 때문이라고 누군가가 말했지. 그다음 작년 판매실적을 지역별로 평가했어. 그리고 고용방침이 바뀌었더라. 또 XX가 개발 중인 신형 정수기 프로젝트를 소개했는데, 이제껏 찾아볼 수 없을 만큼 작고 가벼운데 방사선 물질이 포함된 오염 물질까지 모두 없앤대.

이미 눈치챘을 것이다. 위의 대답은 여전히 20세기 스타일에 머물러 있다. 지금보다 주의지속시간이 길었던 때라면 마지막까지 귀 기울여 듣는 사람이 있었을지도 모른다.

이 낡은 보고방식으로도 시간 흐름에 따른 회의의 전개와 개

요를 파악할 수는 있다. 하지만 질문자는 어디로 튈지 모르는 긴 이야기를 마지막까지 온갖 추측을 해가며 들어야 한다.

그렇다면 이 대답을 '상대 중심으로 질문을 뛰어넘는 대답'으로 바꿔보자.

좋은 대답1

큰 문제없이 끝났어. 오염 물질을 모두 제거할 수 있는 신형 정수기를 판매할 계획이래. <u>그리고 세 가지 의제에 대해 이야기했어. 먼저 지역별 작년 판매실적을 평가했고, 고용방침의 변화에 대해 이야기했고, 마지막에는 작지만 강력한 정수기의 기능에 대해 이야기했어.</u>

좋은 대답2

무거운 분위기였어. 회의시간 대부분을 작년의 판매실적 감소에 할애했거든. (대답1의 밑줄 부분을 똑같이 말한다.)

두 대답 모두 뒤에 정수기의 장점과 판매실적에 대한 더욱 자세한 설명을 덧붙여도 좋고, 상대방에게 관심 있는 내용이 무엇인지 물어본 뒤 그에 관한 이야기를 해도 좋다.

처음에 살펴본 20세기 스타일의 대답과 어떤 차이가 있는지 알겠는가? "회의는 어땠어?"라고 묻는 사람치고 회의 진행 내용을 시간 순서대로 알고 싶어 하는 사람은 거의 없다. 듣는 이가 궁금한 점은 회의가 순조롭게 진행되었는지, 회의의 요점은 무엇이었는지, 어떤 의제에 대해 이야기를 나누었는지 정도다.

'상대 중심으로 질문을 뛰어넘는 대답'에서는 포인트, 여기서는 말하는 이에 의한 결론("큰 문제없이 끝났어" 또는 "무거운 분위기였어")을 마치 트윗을 날리듯 말한다고 생각하면 이해하기 쉽다. 그러면 단번에 회의의 전체상을 파악할 수 있다.

또한 "모든 오염물질을 제거할 수 있는 새로운 정수기를 판매할 계획이래" 또는 "회의시간 대부분을 작년의 판매실적 감소에 할애했거든"이라는 말로 회의의 하이라이트를 파악할 수 있다.

상대방이 포인트를 듣고 흥미를 갖고 이야기의 방향성을 이해하면 회의 의제에 대해 이야기한다. 이때는 대답 예시에서 본 것처럼 토픽형 구성을 이용하면 간결하게 정리할 수 있다.

만약 듣는 이가 각각의 토픽에 대해 자세히 알고 싶어 한다면 "더 궁금한 내용이 있으면 자세히 말해줄게" 하고 질문을 유도하면 된다.

온전히 상대 중심으로 대답하면 질문자의 이해도와 만족도가 높아지고 유익하면서도 효율적인 커뮤니케이션이 이뤄진다.

상사, 부하, 고객의 집중력을 극대화하라

'상대 중심으로 질문을 뛰어넘는 대답'은 직장생활 전반(처음에 소개한 I의 예처럼 비즈니스 미팅을 비롯해 프레젠테이션, 메일, 전화)에 응용할 수 있다. 현대적 사고 모드를 지닌 우리들의 커뮤니케이션에서 '질문을 뛰어넘는 대답'을 습관화해 질문을 뛰어넘는 장점을 만끽했으면 좋겠다. 그러니 당장 내일부터 시험해보자.

상담이나 발표와 같은 상황 또는 결과를 묻는 질문 "○○은 어때요?(어땠어요?)"는 비즈니스에서는 확실히 상투적인 질문이다. 예를 들어 "고객 상담은 어땠어?", "발표 준비는 잘 돼가?"라고 누군가가 물으면 당신은 어떻게 대답할 것인가?

인터넷 검색과 SNS에 익숙해져서 쉽게 질리고 주의산만하며 생각이 얕을지도 모르는 상사, 부하, 고객의 흥미를 끌려면 당신이 직면한 사정, 과정, 경험으로 대답의 운을 떼서는 안 된다. 처음부터 상대 중심적인 자세로 상대방의 관심사나 이야기의 포인트를 제시해 상대방의 집중력을 끌어올려야 상대방의 흥미를 끌 수 있다.

그러면 당신의 대답은 다음처럼 바뀔 것이다.

질문 고객 상담은 어땠어?

대답 좋은 소식이 있어요. 우리 제안을 승낙할 것 같아요.

질문 프로젝트 준비는 잘 돼가?

질문 문제가 있었어요. 장치가 제대로 작동하지 않았거든요.

이렇듯 아주 짧은 대답에서도 맨 처음에 오는 단 두 개의 문장이 듣는 이의 관심을 완전히 사로잡는다. 대답의 결론이 맨 처음에 제시되면 듣는 이는 마음의 준비를 할 수 있고, 이어지는 상세한 정보도 술술 처리할 수 있다.

반대로 대답 맨 처음에 진척 상황을 묘사하거나 시간의 흐름대로 설명하면, 듣는 이는 대체 어떤 결과가 튀어나올지 추측하면서 불안한 마음으로 대답을 듣는다. 그 무거운 짐을 맨 처음 단 두 개의 문장으로 가볍게 만들 수 있는 것이다.

물론 당신은 내용을 더욱 자세히 설명해야 한다. 집중력이 흐트러질까 봐 걱정하지 않아도 된다. 이미 듣는 이의 주의를 단단히 붙들고 있으니 상대방은 당신의 말을 귀 기울여 들어줄 것이다.

또한 이미 이야기의 포인트를 알고 있는 상대방은 느긋하게 들을 여유가 생기니 '다음에 무슨 말을 할지'를 생각하거나 마음껏 상상력을 발휘해 결실 있는 대화로 이어질 가능성이 높다.

아주 짧은 질문과 대답이지만 '효과적인 커뮤니케이션이란 무엇인가?'를 잘 알려주는 좋은 예다. 부디 시험해보기 바란다.

20세기 스타일에서 졸업하는 쾌감

'속마음과 진실을 어디까지 말할 것인가?'
'명령할 것인가, 정중히 부탁할 것인가?'
'최대한 격려할 것인가, 조용히 지켜볼 것인가?'
당신은 늘 커뮤니케이션에 관한 다양한 딜레마를 안고 있지는 않는가?
이쯤에서 부디 생각해봤으면 하는 점이 있다. '머릿속에 떠오르는 대로 말하는 편리함을 취할 것인가, 조금 더 고민해서 상대가 쉽게 이해할 수 있는 효과적인 커뮤니케이션을 지향할 것인가' 하는 두 선택지에 대해서다.

타성인지, 어리광인지, 또는 스스로 깨닫지 못할 뿐인지는 모르지만 그저 생각나는 대로 대답하는 사람이 너무나 많다. 특히 가족, 동료, 부하 등 비교적 친근한 사람을 대할 때 이런 경향은 도드라진다.
이를 참고 들어야 하는 사람이 같은 숫자만큼 존재한다. 언제 끝날지 모르는 이야기를 마지막까지 추측하면서 들으며 시간을 낭비하고, 대답의 포인트가 무엇인지 상상력을 동원해야 알 수 있으니 재차 확인해야 한다. 그러다 보면 오해가 생기고 정보가 누락되기 십상이다. 결국 일의 능률이 떨어지고 문제가 생긴다.

딱 3일 만이라도 좋다. 현대적 사고 모드에 맞는 '상대 중심으로 질문을 뛰어넘는 대답'을 실천해보자.

상대에게 맞춰 질문을 뛰어넘어 대답하면 어떤 일이 일어날까? 일단 습관화하면 더 이상 머리에 떠오르는 대로 대답하지 않게 된다. 현대적 사고 모드에 맞는 효과적인 커뮤니케이션을 실천하면서 다른 이들과 한층 깊이 이해하는 과정 자체가 너무나 즐겁기 때문이다.

지식을 업데이트하듯, 커뮤니케이션 스타일도 신속히 업데이트해주자.

6장

◉

질문을 뛰어넘어 정보를 추가하면 간접적으로 당신의 가치(지식, 능력, 인격)를 상대방에게 전하는 셈이다.

인생을 살다 보면 자신을 직접적으로 마케팅해야 할 때도 있다. 대표적인 예가 취업 면접이다. 업무, 사업, 공부, 연구처럼 당신이 하는 일에 관한 질문이 들어올 때도 당신을 마케팅할 수 있는 기회다.

당신도 한 번쯤은 이런 경험이 있을 것이다. 사람은 "뭐해?" 하고 남이 하는 일에 관심을 갖는다. 그리고 대답을 경청하고, 기억하고, 제삼자에게 전한다. 즉, 어떻게 대답하느냐에 따라 관심을 받고, 인맥이 형성되기도 하며, 새로운 기회를 맞이하기도 한다.

이번 장에서는 어떻게 하면 전형적인 질문을 뛰어넘어 자신을 효과적으로 마케팅할 수 있는지 이야기해보려 한다.

1

전형적인 질문이
비전을 그린다

**전형적인 질문에 대한 대답이야말로
꿈을 이뤄주는 토대다**

이 책을 여기까지 읽은 당신이라면 질문을
뛰어넘는 기술을 이해했을 테니 먼저 묻고 싶다.

"지금 무슨 일을 하고 있죠?"

일이든 작업이든 무엇이든 좋다. 다만 자신과 자신의 프로젝트를 마음껏 마케팅해 대답해보자. 상대방의 마음을 뒤흔들 만큼 또는 지금 바로 투자자가 나타날 만큼 매력적으로 말이다.

어떤가? 상대방의 눈을 반짝이게 할 만큼 매력적으로 대답했는가?

당신이 딱히 수줍음을 많이 타는 성격이 아니더라도, 인간은 원래 자신에 대한 질문에 잘 대답하지 못한다. 또한 아주 흔한 질문이 많아서 질문의 중요성을 간과하기 쉽다.

하지만 이 전형적인 질문에 대한 대답이 꿈을 이루는 토대가 된다는 점은 의심할 여지가 없는 사실이다.

영국의 기업을 대상으로 시행한 최근 조사에 의하면 취업 면접에서 면접자가 자신의 능력을 잘 어필하지 못했다는 이유로 불합격시키는 확률이 66%에 달했다. 이 숫자는 '어떻게 대답하는지'를 보고 채용하는 경우가 많다는 의미다.

어떻게 대답하는지를 본다니, 대체 무슨 뜻일까? 설령 진짜 능력과는 차이가 있더라도, 면접관은 면접에서 느낀 면접자의 능력을 진짜 능력으로 간주해 합격 여부를 결정한다는 것이다. 즉, 학력, 자격증, 경험, 지식, 능력이 남들보다 뛰어나지 않더라도 대답할 때 자신을 잘 마케팅하면 기회가 찾아온다. 반대로 남들보다 뛰어난 무언가를 지니고 있어도 면접관이 이해할 수 있게 전하지 못하면 아무것도 지니지 않은 사람과 다름없는 취급을 받는다.

최근 딜로이트는 뛰어난 인재를 선입견 없이 채용하기 위해 최종 학력을 가린 채 면접을 실시하는 블라인드 채용방식을 도입했다. 자신을 효과적으로 어필하는 대답만으로 평가받는 시대가 이미 눈앞에 와있다.

애플의 직원들이 계속 피했던 질문

취업 면접에 무사히 합격했더라도 질문은 피할 수 없다. 앞서 언급한 질문 "지금 무슨 일을 하고 있죠?"는 직장인이라면 늘 듣는 말이다. 표현은 다소 다르지만 "지금 뭐해?", "지금 무슨 작업해?", "무슨 일하고 계세요?"도 같은 질문이나 다름없으니 그 빈도는 최고 수준이다.

하지만 이 흔한 질문을 자신의 꿈을 이뤄줄 매우 중요한 질문으로 진지하게 받아들이고 잘 대답하는 기술을 터득한 사람은 극히 일부에 불과하다.

애플에 전해지는 일화가 있다. 많은 직원이 창업자이자 전 CEO인 스티브 잡스와 카페나 엘리베이터 안에서 마주치기를 무척 두려워했다. 스티브 잡스가 반드시 하는 질문이 있었기 때문이다.

"지금 무슨 일을 하고 있죠?(What are you working on?)"

이 질문을 피하고 싶었는지, 잡스가 카페에서 점심을 먹는 모습을 발견해도 잡스 근처에 앉으려는 사람은 없었다. 오히려 잡스가 식사를 하러 카페에 오기 전에 후다닥 식사를 끝내려고 했다.

한때 스티브 잡스의 동료이자 컨설팅 엔지니어였던 데이비드 블랙은 "질문받는 데 준비가 필요했기 때문"이라고 당시를 회상했다. 잡스가 애플 제품에 숭고한 이상을 내걸고 있다는 사실을 모르는 직원은 없었다. 뻔한 대답으로는 잡스에게 깊은 인상을 남길 수 없다고 생각해 계속해서 최고의 대답을 찾아야 했던 것이다.

단순한 질문인데 왜 이렇게 대답하기가 어려울까? 대답에 무수히 많은 선택지가 있고, 지금 자신의 모습과 행동을 솔직하게 묻는 질문자에게 깊은 인상을 남기고 싶다고 생각하면 대답은 점점 어려워진다. 하물며 잡스처럼 카리스마 넘치는 CEO에게 질문을 받는다면 패닉에 빠져도 이상하지 않다. (사실 이 질문은 받은 사람은 인턴생활을 하던 청년 단 한 명이었다. 잡스와 단 둘이 엘리베이터를 탔을 때 이 질문을 받았는데, 엘리베이터 문이 열렸을 때는 얼굴이 하얗게 질려 기절 직전이었다고 한다.)

물론 애플의 직원들처럼 어떻게든 질문을 피할 수 있고, 적당히 대답할 수도 있다. 하지만 질문 회피는 질문의 본질을 생각해보면 너무나 아쉬운 선택임이 틀림없다. 이 질문은 당신과 당신의 창작물(생각, 의견, 보고서, 개발품)에 대한 상대방의 단적인 흥미 그 자체이기 때문이다. 상대방은 당신과 당신이 만들어낸 결과물이 궁금해서 일부러 시간을 할애해 당신에게 설명할 기회를 주고 있는 것이다.

세계 인구 약 75억 명 중에서 과연 몇 명이나 당신에게 이 질문을 던지겠는가? 보통 가치 있는 질문이 아니다. 자신과 자신이 만든 창작물에 대해 이야기하고 어필할 소중한 기회를 스스로 "아뇨, 괜찮습니다" 하고 차버릴 수는 없다.

이런 기회를 잡아야 당신과 당신의 행동을 잘 이해하는 사람을 점점 늘릴 수 있다. 즉, 사소한 질문처럼 보여도 사실은 당신의 인생을 크게 좌우하는 질문인 것이다.

상대방이 당신에게 완전히 매료된 상태가 아닌 이상 "고객서비스를 점검하고 있습니다"나 "제품개발을 하고 있습니다"처럼 질문의 틀에 갇힌 대답으로 상대와 발전적인 관계를 쌓기 힘들다는 사실은 말할 필요도 없다.

그렇다면 어떻게 해야 자신을 마케팅할 수 있는 가치를 대답에 넣어 질문을 뛰어넘을 수 있을까?

'3인의 석공'이 능력을 전하는
방법에 관한 이야기

중세 유럽에서 전해진 3인의 석공 이야기는 피터 드러커가 '나쁜 경영의 비유'로 자신의 책에 소개해 주목받았다. 다양한 버전이 있지만 단순하면서도 흔한 질문에 대한 대답의 영향력과 자신을 마케팅하는 기술의 중요성을 이해하기 좋은 소재다.

먼저 이야기를 소개한다.

옛날에 석공 세 명이 있었다. 어느 날, 한 남자가 석공들의 작업장 앞을 지나다가 발길을 멈추고 석공 세 명에게 질문을 던졌다. "지금 무슨 일을 하는 중입니까?"

첫 번째 석공이 돌을 가리키며 대답했다. "석회암을 메다듬하고 있습니다."

남자는 두 번째 석공에게 다가가 똑같은 질문을 했다. 두 번째 석공은 언짢은 표정으로 다음과 같이 대답했다. "벽을 세우고 있습니다. 매일매일 말이죠."

남자는 세 번째 석공에게 가서 역시 똑같은 질문을 던졌다. 세 번째 석공은 처음 두 사람과는 확실히 달랐다. 하늘을 올려다보며 자랑스러운 듯 힘이 들어간 목소리로 대답했다.

"아름다운 대성당을 짓고 있습니다. 사람들이 신께 예배를 드릴 수 있도록요."

석공 3인의 대답은 모두 아주 짧다. 그런데도 어떻게 대답하느냐에 따라 석공에 대한 인상이 바뀐다니, 놀랍지 않은가.

첫 번째 석공은 장인으로서 단순히 자신의 일을 묘사하는 데 그쳤고, 두 번째 석공은 마치 노동자가 한탄하는 듯하다. 그렇다면 세 번째 석공의 대답은 어땠는가? 숭고하고 거룩하며, 당신의 마음을 움직였고, 기억에도 오래도록 남지 않았는가?

세 번째 석공의 대답은 길이가 상당히 짧지만 질문을 뛰어넘었다. "지금 무슨 일을 하는 중입니까?"라는 질문에 자신이 하는 일을 직접 묘사하는 대신 자신에게, 상대방에게, 나아가 세상에 가치 있는 사실을 포함하고 있다는 점에 주목하자. 일의 내용뿐만 아니라 일에 대한 진지한 태도와 명확한 비전도 대답에 드러났다.

대답에 투영된 내면은 사람의 관심을 끌 뿐만 아니라 신뢰감을 주고 리더십을 발휘할 가능성도 있다. 석공 3인의 대답 속에 전형적인 질문을 뛰어넘어 자신을 마케팅하는 비결이 있다.

전형적인 질문에 대답할 때의 4가지 포인트

　　그렇다면 어떻게 해야 세 번째 석공처럼 대화 상대를 비롯해 세상에 압도적으로 좋은 인상을 남기고 자신의 미래를 다질 수 있는 열의에 넘치는 대답을 할 수 있을까?

　　앞서 말했듯이 자신에 관한 질문에 대답하기 어려운 것은 한없이 자유롭게 다양한 대답을 생각해볼 수 있기 때문이다. 정해진 내용, 틀, 구성이 없기 때문에 대답이 방향성을 잃기 쉽다.

　　하지만 대답하는 기술만 터득한다면 질문은 칠흑같이 어두운 망망대해를 헤엄치는 당신에게 쏟아지는 한 줄기 빛이 되어 당신을 안내해줄 것이다. 전형적인 질문에 대답하는 기술에는 다음과 같은 네 가지 포인트가 있다.

포인트 ❶ 거시적인 전체도와 최종 목적을 내다보며 대답하라

이 말을 이해하기에 앞서 먼저 세 번째 석공의 대답을 되짚어보자. 세 번째 석공은 흔하고도 전형적인 질문(지금 무슨 일을 하는 중입니까?)에 눈앞의 일을 두 가지 관점, 즉 거시적인 전체도(아름다운 대성당을 짓고 있습니다)와 최종 목적(사람들이 신께 예배를 드릴 수 있도록요)을 내다보며 대답했다.

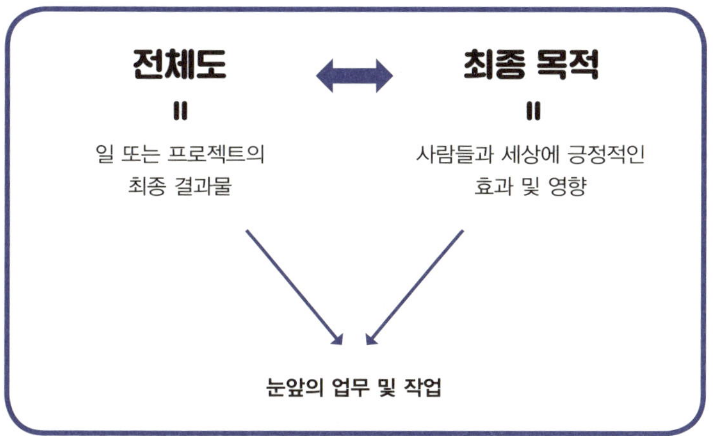

위에 정리한 것처럼 '전체도'란 일 또는 프로젝트의 최종 결과물이고, '최종 목적'은 그 결과물이 사람들과 세상에 미치는 긍정적인 효과와 영향이다. 이런 두 가지 관점으로 눈앞의 업

무를 멀리 내다보며 설명하면 궁극적인 목적을 가진 하나의 프로젝트로 일치시킬 수 있다.

세 번째 석공의 대답은 첫 번째 석공과 두 번째 석공의 대답과 명확한 차이가 있다. 두 석공처럼 좁은 시야로 눈앞의 작업(석회암 메다듬하기와 벽 세우기)만 보고 대답하면 제아무리 유창하게 대답한들 상대방에게 작업 이상의 의미는 전해지지 않는다. 고작해야 자신의 일에 대해 남들보다 조금 더 잘 아는 사람이라는 생각이 들 뿐이다.

또한 이렇게 좁은 시야로 바라보면 눈앞에 놓인 일을 다음 단계로 진행하는 데만 신경 쓰기 십상이다. 그러면 의욕을 잃고 종합적으로 잘못된 판단을 내려 업무에 지장을 초래할 수 있다.

즉, 당신의 대답으로 긍정적인 효과를 내고 싶다면 보잘것없어 보이는 작업을 할 때도 '세상을 더욱 살기 좋게 만들기 위해서 나는 지금 어떤 일을 하고 있는지' 정직하게 바라보면서 일에 자신이 어떤 가치를 두었고 어떻게 세상에 공헌했는지 사람들에게 전해야 한다. 스스로 일의 가치를 발견하면 행복을 느낄 수밖에 없다.

긍정적인 효과는 이뿐만이 아니다. 당신의 행복한 모습과 열의에 넘치고 자신감 있는 대답은 사람들에게 긍정적인 에너지를 주고 감동을 줘 좋은 길로 이끈다. 결과적으로 돈독한 대인 관계와 신뢰를 쌓을 수 있다.

몇 가지 예를 들어보겠다. 학교 관리인이라면 이런 대답은 어떨까?

질문 뭘 하고 있는 건가요?
대답 아이가 깬 창문 유리를 치우고 있어요.
질문을 뛰어넘는 대답
아이들이 꿈을 이루기 위해(최종 목적) 공부에 집중할 수 있는 안전한 환경을 만들고 있지요(전체도).

제약회사의 연구원이라면 이런 대답은 어떨까?

질문 무슨 일을 하는 중인가요?
대답 여기 있는 약품을 조합해 화학반응을 관찰하고 있어요.
질문을 뛰어넘는 대답
4억 명에 달하는 전 세계 당뇨병 환자들의 치료에 도움이 될 수 있는(최종 목적) 신약을 개발 중이에요(전체도).

만약 당신이 회사에 몸담고 있다면 전체도와 최종 목적에 대한 비전 선언이 이미 채택되어 있을지도 모른다. 이를 참고하면 쉽게 질문을 뛰어넘을 수 있다. 만약 비전 선언이 따로 없다면 사명 선언, 회사 대표의 취임, 주주총회와 같은 기회에 최종 목적이 담긴 최신 전체도가 드러날 가능성이 크니, 이를 참고하면 된다.

예를 들어 아마존의 비전 선언문은 다음과 같다.

우리 회사의 미래상은 세계에서 제일가는 고객 중심 회사가 되는 것이며(전체도), 이를 위해서는 손님이 구입하고 싶은 상품을 찾아 홈페이지를 방문했을 때 원하는 상품을 손에 넣을 수 있는 장을 구축해야 한다(최종 목적).

또 다른 비전 선언문의 예를 소개한다. 비교적 친숙한 회사의 비전이다.

전 세계에 만연한 일본 제품은 품질이 안 좋다는 선입견을 깨는(최종 목적) 가장 유명한 기업이 된다(전체 그림).

이는 소니가 1950년대에 채택한 비전 선언문이다. 소니는 실제로 이 최종 목적을 실현했고, 경이롭게도 2000년 전후까지 일본 기업의 대명사로 이름을 떨쳤다.

그런데 비전 선언은 사명 선언과 혼동하기 쉽다. 비전 선언이 미래의 결과물 및 최종 목적이라면, 사명 선언은 비전을 달성하기 위해서 지금 어떻게 하면 좋을지에 대한 전략이다. 따라서 전자는 규모가 크고 추상적이며, 후자는 상대적으로 규모가 작고 구체적이다.

물론 두 가지 모두 중요하지만 '전형적인 질문'의 대답으로서 많은 이의 마음을 사로잡는 것은 비전 선언으로 바라보는 관점이다. 사명 선언은 상황에 따라 언제든지 변화하지만 비전 선언은 적어도 5~10년은 변하지 않는 행동 지침이다. 또한 당신이 하는 일에 대해 전혀 배경지식이 없는 사람도 이해할 수 있으니 활용 범위도 넓다.

아직 비전 선언문을 채택하지 않은 기업가나 프리랜서라면 이 기회에 직접 만들어보자. 먼저 이상적인 비전 선언과 기업 CEO의 인터뷰를 참고해보자. 뜨거운 마음을 담아서, 일의 방향성과 가치를 한눈에 알 수 있는 전체도와 최종 목적을 간단명료하게 문자화해보자.

포인트 ❷ 상황에 따라 그림의 일부분을 확대하라

전체도와 최종 목적은 늘 마음에 새겨두어야 한다. 그런데 "4억 명에 달하는 전 세계 당뇨병 환자들의 치료에 도움이 될 수 있는 신약을 개발 중이에요"라는 말은 동료나 단골 거래처 입장에서는 너무 과한 대답일 수도 있다.

두 번째 포인트는 '상황, 장소, 상대에 따라 대답을 어떻게 조정할 것인가'이다.

결론부터 말하자면 늘 전체도와 최종 목적을 포함해 대답해야 한다. 다만, 회사 전체의 전체도와 최종 목적이 존재하는 한편으로 각 부서와 프로젝트에도 회사의 최종 목적을 실현하기 위한 구체적인 목적, 계획, 전략이 있다. 즉, 회사의 전체도 중 일부분을 확대한 그림을 제각기 가지고 있는 셈인데, 이런 작은 전체도와 최종 목적을 포함해 대답하면 좋다.

예를 들어 '3인의 석공'이 소속된 건설사의 비전 선언문이 다음과 같다고 치자.

가족이 모든 생활에서 신을 섬길 공간을 제공하기 위해(최종 목적) 아름다운 성당을 세상에 세웁니다(전체 그림).

한편, 3인의 석공의 프로젝트는 회사 전체도의 일부분인 '성당 남쪽 벽면을 완성하는 일'이다. 그곳에 건설사 사장이 찾아와서 무얼 하고 있는지 물으면 다음과 같이 대답하면 된다.

아름다운 성당에 완벽히 어울리는(최종 목적) 남쪽 벽을 쌓고 있습니다(작은 전체도).

전체도를 확대할 경우에도 눈앞의 일을 하나의 온전한 프로젝트로 바라보고, 그 최종 목적을 분명히 해야 한다는 점을 기억하자.

앞서 말한 제약회사의 사례에서 작은 전체도를 포함해 대답하면 다음과 같이 될 것이다.

대답 여기 있는 약품을 조합해 화학반응을 관찰하고 있어요.
질문을 뛰어넘는 대답
다음 주 미팅에서 발표할(최종 목적) 새로운 화합물을 개발 중이에요(작은 전체도).

단순히 행동을 묘사한 대답과의 차이를 알겠는가? 일상적으로 하는 눈앞의 일이 순식간에 프로젝트의 전체도와 하나가 되었다. 즉, 자신이 프로젝트에 관여해 공헌하고 있다는 사실을 자연스럽게 마케팅하고 있다.

프로젝트라는 작은 전체도는 회사의 큰 전체도의 일부이기 때문에 궁극적으로는 회사의 전체도와 하나가 되어 최종 목적과 이익에 공헌하는 직원이라는 사실을 전하고 있다.

단순히 자기 PR만 하는 것은 아니다. 일에 속도가 붙고 대인관계도 더욱 돈독해질 것이다. 제아무리 작은 전체도도 최종 목적과 잘 연결해 전하면 자신과 상대방 모두에게 긍정적인 자극을 주기 때문이다.

게다가 '전체도 완성'이라는 목적을 늘 의식하기 때문에 일상적인 작업에 안주하지 않고 주어진 일에 의욕적으로 임하고 영감을 느낄 수 있다. 그런 당신과 함께 일하면서 즐겁다는 생각이 드는 것은 지극히 당연하다.

포인트 ❸ 카리스마는 단 15분 연습으로 만들 수 있다

그런데 일에 관한 전형적인 질문에 대한 당신의 대답이 사람들에게 마케팅 효과를 미치려면 내용만으로는 충분하지 않다. 당신의 대답에 '전체도'와 숭고한 '최종 목적'이 포함되어 있더라도 '내용을 어떻게 전하는가', 즉 말의 톤(어조)에 따라 그 효과는 반감될 수 있다.

이해를 돕기 위해 우리 집 반려견 이야기를 소개한다. 바로 지금 내 발 밑에는 3년 전에 데려온 새하얀 아키타견 수컷 와비가 35kg에 달하는 거구를 한가롭게 늘어뜨리고 있다.

와비는 우리 집에서 다양한 사람들과 일상적으로 마주한다. 사람들은 미국식 영어, 영국식 영어, 중국어, 일본어, 러시아어는 물론이고 악센트가 센 영어로 말을 걸기도 한다. 그런데 기특하게도 와비는 사람들의 말을 잘 이해한다.

'우리 집 개는 천재가 아닐까?' 정말로 그렇다면 흥미롭겠지만, 아쉽게도 천재는 아니다. 와비를 비롯한 모든 개는 복잡한

인간의 언어가 아니라 목소리 톤을 우선 분별한다는 사실이 최근 하버드대학교의 연구를 통해 밝혀졌다.

예를 들어 당신이 "바나나!" 하고 엄격한 톤으로 외친다고 치자. 와비는 마치 "아니야!" 또는 "나빠!" 하고 자신이 혼날 때처럼 긴장해 뒷걸음질을 친다. 한편 "바나나~" 하고 칭찬하는 듯한 어조로 말하면 꼬리를 흔들며 다가온다.

사실 복잡한 언어를 이해하는 인간 역시 우뇌로 처리하는 '어떻게 전할 것인가(톤)'를 좌뇌로 처리하는 '무엇을 전할 것인가(언어)'보다 우선시한다는 연구결과가 발표된 바 있다. 이 연구결과는 꽤 충격적이었다. 환자를 대하는 의사의 톤(말의 속도, 유창함, 억양, 리듬, 강약)을 10초만 듣고서 의료과실로 소송당한 의사가 누구인지 알아맞혔기 때문이다. 이 실험의 피험자는 외과 의사 57명이었는데, 그중 의료 과실로 소송당한 이력이 2회 이상 있는 의사는 37명이었다.

각 의사가 환자를 진찰할 때의 대화를 10초 동안 녹음한 다음, 단어는 모두 코드화해 완전히 제거했다. 그런 다음 12명의 심사원이 기준에 따라 의사의 목소리 톤만 듣고 의료과실로 인한 소송 이력이 있을지를 평가했다. 그랬더니 목소리 톤이 좋은지 나쁜지에 관한 자료만으로도 의료과실 소송 이력이 있는 의사를 기가 막히게 알아맞혔다.

착각해서는 안 될 점은, 바람직한 톤으로 말한 의사 전원이 모든 수술에서 완벽한 성공을 거두지는 않았다는 점이다. 수술한 환자가 최상의 결과를 보지 못했더라도, 환자는 바람직한 톤으로 말한 의사에게 소송이라는 최악의 대립을 선택하지 않았다는 점이 중요하다. 즉, 이 실험은 우호적인 대인관계를 형성하려면 건설적인 톤이 필요하다는 사실을 말해준다.

그렇다면 건설적인 톤이란 과연 무엇일까? 당신의 열의를 상대방에게 전하기 위해 폭넓고 활발한 톤을 구사해야 한다. 상대방의 우뇌를 건드릴 만큼 폭넓은 톤을 구사하지 않으면 상대방의 감정을 건드리지 못하기 때문이다.

어떤 언어로 말하든지 특징 없이 단조롭게 말하거나, 문장 마지막 부분에서 목소리가 작아지거나, 말하는 속도가 너무 빠르면 마이너스 요소가 된다. 설령 자신은 듬뿍 열정을 담았다고 해도 말이다.

문장에서 중요한 단어를 높은 톤으로 조금 느리게 말하고, 말끝에서 톤을 내려주면 폭넓고 활력 넘치는 톤을 손쉽게 구사할 수 있다. 다만 톤의 높낮이는 목소리의 크기를 뜻하는 것이 아니니 주의해야 한다.

여기에 긍정적인 단어를 선택하면 당신의 불타오르는 의욕을 한층 강조할 수 있다. 예를 들어 세 번째 석공은 '아름다운 성당을 짓고 있다'고, 학교 관리인은 '안전한 환경을 만들고 있다'고, 제약회사 연구원은 '새로운 화합물'이라고 상대방의 기분을 좋게 하거나 기대감을 높이는 긍정적인 단어를 선택했다.

자신의 일을 매력적인 프로젝트, 가슴 뛰는 경험, 보람찬 작업으로 여기면 상대방에게 좋은 인상을 줄 뿐만 아니라 자신에게도 좋은 영향을 준다. 일에 대한 긍정적인 자세는 행복의 주요 조건일 뿐만 아니라 그 일로 얼마나 성공할지까지 좌우한다는 사실이 심리학 연구에서 증명된 바 있다.

지금 이야기한 자신을 효과적으로 마케팅하는 방법의 세 가지 특징, 즉 '열정', '톤', '긍정적인 단어 선택'은 카리스마 있는 사람의 커뮤니케이션 3대 특징으로 꼽힌다. 즉, 대답의 영향력을 키우려면 카리스마가 필요하다.

다행히 말하는 톤은 15분 정도만 연습해도 노하우를 터득할 수 있고, 나머지 두 가지 조건을 실현하는 것도 어렵지 않다. 이 3대 특징을 습관화해 일상에서 카리스마를 발휘하자.

포인트 ❹ 전문용어나 어려운 단어는 절제하라

지금까지 소개한 세 가지 포인트를 응용하면 전형적인 질문에 대한 당신의 대답은 거의 완벽해진다. 이제 힘들게 얻은 대답의 효력을 유지할 수 있게 도와줄 네 번째 포인트에 대해 알아보자.

다시 한 번 3인의 석공 이야기로 돌아가보자. 첫 번째 석공의 대답(석회암을 메다듬하고 있습니다)에는 마이너스 요소가 있는데, 바로 '메다듬'이라는 전문용어다. 당신의 직업이 건설과 관련 있거나 석재상 또는 조각가가 아닌 이상 이 뜻을 정확히 아는 사람은 그리 많지 않을 것이다.

문맥상 돌의 모서리를 다듬는 작업이라는 사실을 추측할 수 있을지도 모른다. 하지만 '모서리를 직각으로 깎아야' 하며, '직각은 자칫 날카로운 부위가 떨어져나가기 쉽고, 조금이라도 깨지면 돌의 한쪽 면을 모조리 파내야 하는' 고도의 기술과 신중함이 필요한 전문기술이라는 사실을 아는 사람은 극히 드물다.

이렇듯 전문용어를 사용하면 당신이 어떤 일을 하는지 상대방이 이해하기 힘들기 때문에 전체도도 최종 목적도 희미해진다. 즉, 기껏 질문을 뛰어넘어 대답했는데 마케팅 효과가 떨어지고 만다.

전문용어 이외에도 비즈니스 현장에서 커뮤니케이션을 할 때 공통으로 쓰는 '업계용어'라고 부르는 단어들이 있다. '패러다임', '베스트 프렉티스'가 대표적이다. 비즈니스 코드는 서로 다른 분야, 다른 직종 또는 다른 나라 사람들이 함께 프로젝트를 수행할 때 서로를 이어주는 접착제와 같은 역할을 한다.

모든 직장인은 전문용어와 업계용어로 구성된 단어 세트를 가지고 있다. (극히 한정된 사람들에게 통하는 은어도 포함되어 있을지 모른다.) 이런 특별한 단어 세트는 특정 분야의 사람들과 일하고 교류할 때는 소통하기 편하다. 그러나 무심코 사용했는데 상대방이 알아듣지 못하면 순식간에 장벽이 생긴다.

"이해가 잘 안 되네요. 설명해주세요" 하고 되묻는다면 꽤 정직한 사람이거나 완전히 분야 밖에 있는 사람일 것이다. 다만 상대방이 '양자역학', '패러다임'에 대해 설명해달라고 갑자기 부탁해서 설명을 해야 한다면 서로 진땀을 뺄 듯하다. 그럴 바에야 처음부터 자신의 전문 분야에서 한발 떨어져야 할 때는 전문용어는 잠시 뒤로 하고 비전문적인 단어를 사용해야 한다.

자신의 직업과 프로젝트에 대한 설명을 두 가지 버전, 즉 전문용어와 업계용어를 포함한 전문가용 대답과 이를 포함하지 않는 일반용 대답을 준비해놓고 상황에 따라 나누어 사용하는 게 이상적이다.

미스 유니버스 우승자의 대답법

　　2015년 미스유니버스 선발대회에서는 필리핀 대표 피아 워츠바흐가 대상의 영예를 차지했다. 사실 이 뉴스는 현대판 '3인의 석공'이었다.

　대회 마지막에 필리핀 대표 외에도 콜롬비아 대표와 미국 대표까지 총 세 명이 남아 있었다. 미의 기준은 저마다 다르니 선발결과에 대한 의견은 나뉠 수밖에 없다. 다만 커뮤니케이션 능력 면에서는 필리핀 대표가 단연 으뜸이었다. 그 이유를 알아보자.

　마지막까지 남은 세 명에게 최종 질문이 던져졌다.

　"당신이 미스 유니버스가 되어야 하는 이유는 뭔가요?"

　미국 대표는 다음과 같이 대답했다. "온 세상 사람들이 자신을 믿고, 자신답게 살고, 야심 찬 꿈을 좇기를 응원하는 것이 제 목표이기 때문입니다."

콜롬비아 대표는 통역을 거쳐 다음과 같이 대답했다. "저는 라틴계 여성의 모든 매력을 지녔기 때문입니다."

마지막 차례 필리핀 대표의 대답은 다음과 같았다.

"미스 유니버스는 명예롭고 책임이 따르는 위치입니다. 젊은 이에게 영향을 줄 수 있도록(최종 목적), HIV 같은 질병의 원인에 대해 올바로 알리는(전체도) 행보를 이어가고 싶습니다."

미국 대표는 의욕은 넘쳤지만 실효성이 부족한 이유를 댔다. 콜롬비아 대표는 자신의 아름다움에만 초점을 맞춰 대답했다.

필리핀 대표는 세 번째 석공과 마찬가지로 자신이 미스 유니버스가 되어야만 하는 이유를 세계적 규모의 프로젝트와 일치시켜 대답했다. 그녀의 대답은 자신의 넓은 시야와 국제 사회에 공헌하고 싶다는 마음가짐을 여과 없이 드러냈다. 필리핀 대표는 외모뿐만 아니라 '대답법'으로 매력적인 인격을 어필하는 데 성공했다.

3

'전형적인 질문'을 뛰어넘는 실전 연습

4가지 포인트를 적용하라

네 가지 포인트를 이해했다면 이제 실제로 적용해보자. 예를 들어 당신은 아마존의 재무팀에 근무하고 있는데, 복도에서 마주친 제프 베조스에게 "지금 무슨 일을 하고 있죠?"라는 질문을 받았다고 치자.

나쁜 대답 재무팀에서 주로 총계정원장을 씁니다. 결산 때는 신고 서류에 틀린 점이 없는지도 확인합니다.

문제점을 찾아보자. 먼저 전체도를 그리지 않았고, 최종 목적도 언급하지 못한 채 눈앞의 일을 묘사하기에 급급했다.

목소리 톤은 단정할 수 없지만, 무성의하게 보일 수도 있는 '주로'라는 단어를 사용하는 것을 보면 매너리즘에 빠진 것처럼 느껴지기도 한다. 긍정적인 단어를 쓰지도 않았다. 또한 '총계정원장'이라는 전문용어를 사용했는데, 상대방이 회계장부에 관해 잘 알지 못한다면 대답을 잘 이해하지 못해 심리적 장벽을 느낄 것이다.

그렇다면 이런 문제점을 보완해 질문을 뛰어넘어보자.

질문을 뛰어넘는 대답

재무팀에서 우리 회사가 돈을 현명하게 관리하고 있는지 감독합니다(재무팀의 전체도). 회사가 더욱 이익을 창출하고, 더욱 다양한 상품을 고객에게 전할 수 있도록 말이죠(최종 목적).

자신이 하는 일을 전체도와 최종 목적과 연관 짓고, '현명하게', '이익을 창출', '다양한 상품'이라는 긍정적인 단어를 사용하자 인상이 180도 달라졌다. 전문용어도 사용하지 않았으니 이제 건설적인 톤으로 카리스마를 더하기만 하면 된다.

우리를 둘러싼 세상은 상상 이상으로 유능한 인재와 혁신에 목말라 있다. 유능한 인재와 혁신을 발굴하기 위해 세상은 당신에게 "지금 무슨 일을 하고 있죠?", "지금 무슨 작업해?"처럼 기본적이면서도 일에 관한 날카로운 질문으로 가볍게 운을 뗄지도 모른다. 그러니 누군가가 이런 질문을 한다면 당신과 당신이 하는 일을 어필할 수 있는 독무대가 마련된 것으로 여기면 된다.

이 기회를 살려서 앞서 살펴본 네 가지 포인트에 따라 전체도와 최종 목적을 대답하면 흥미를 느낀 상대방이 잇달아 질문을 던지고, 서로 오래도록 기억에 남는 대화를 나눌 수 있다. 또한 당신의 대답을 계기로 예상치 못했던 좋은 기회, 보수, 지위가 굴러들어 올지도 모르는 일이다.

퀴즈

마지막으로 당신만의 대답을 만들어보자.

다음 네 개의 질문은 당신만의 대답을 만들기 위한 준비 과정이다. 이 질문에 대한 답을 먼저 찾아놓으면 "무슨 일을 하나요?", "지금 어떤 프로젝트를 진행 중인가요?"라는 질문에 대답하기가 한결 수월해진다.

대답의 길이는 5초와 10초에 끝낼 수 있는 두 가지 버전을 만들어놓으면 좋다. 먼저 전문용어와 업계용어를 쓰지 않는 일반인을 대상으로 한 대답을 준비한 뒤, 전문가용 대답도 준비해두자.

① 회사와 부서의 전체도(일이나 프로젝트의 최종 결과물)는 무엇인가?

② 회사와 부서의 최종 목적(사람들과 세상에 긍정적인 효과 및 영향)은 무엇인가?

③ 당신이 하는 일을 설명할 긍정적인 단어로 무엇이 있을까?

④ 당신이 자주 사용하는 전문용어와 업계용어는 무엇인가?

이제 다 준비됐으니 질문해보겠다.

"지금 무슨 일을 하고 있는가?"

면접관의 감탄이 끊이지 않는 '제3의 리프'

"자기소개해주세요"는 입사 면접의 단골 질문이다. 눈앞에 지원자의 자기소개서와 이력서가 있는데도 면접관은 왜 굳이 자기소개를 요청할까?

뉴욕에 있는 한 글로벌 자산관리회사의 인사부장은 다음과 같이 대답했다. "자신의 생각을 명확하게 표현할 수 있는지, 의욕과 자신감이 느껴지는지, 짜임새 있게 말할 수 있는지를 확인하고 싶은 이유도 있습니다. 회사 입장에서는 자기소개에 흥미로운 화제가 나오면 나중에 질문할 소재가 되기 때문이지요. 자기소개가 생각보다 재미가 없으면 면접관이 생각한 다음 질문으로 넘어갑니다."

글로벌 기업 몇 곳의 채용 관계자와도 인터뷰를 해봤지만 면접자에게 자기소개를 요청하는 이유는 놀랍게도 똑같았다. 즉, 자기소개는 커뮤니케이션 능력, 의욕, 역량 세 가지 측면에서 회사가 눈여겨볼 만한 인물인지 가늠할 수 있고, 자기소개 내용이 흥미롭다면 더욱 깊이 파고들어 질문하는 면접의 로드맵을 결정하는 역할을 하기 때문이다.

즉, 자기소개를 할 때 회사 측에 흥미로운 인물이라는 인상을 심어주고 더욱 깊이 질문해주었으면 하는 사실과 자신을 회사에 어필할 구체적인 내용을 언급하면 당신은 산뜻하게 면접의 스타트를 끊는 셈이다.

대답을 준비할 때는 다음 두 가지 사실에 유의하자.

먼저, 질문에 대답하는 방식으로 어느 정도 커뮤니케이션 능력을 추측할 수 있다는 점이다. 형식이 딱히 정해져 있지 않은 자기소개를 간결하면서도 매력적으로 완성할 수 있는가, 면접관이 자기소개에서 언급한 내용에 관한 후속 질문을 하게끔 유도해 대화의 주도권을 쥘 수 있는가는 커뮤니케이션 능력을 쉽게 평가할 수 있는 최적의 재료다.

두 번째는 회사가 채용에 신중할수록 면접자의 개인사에는 관심이 없다는 점이다. 영락없는 바이어의 모습이다. 자신들에게 필요한 물건을 손에 넣고 싶어 한다. 기업정보 등을 통해 기업이 원하는 인재상을 조사한 뒤 자기 PR의 포인트를 정해야 한다.

그렇다면 자기소개에 커뮤니케이션 능력, 의욕, 역량을 담아내려면 어떻게 해야 할까?

"저는 무척 성실하고 협력적이며 컴퓨터를 잘 다룹니다"처럼 누구나 할 수 있는 뻔한 자기 PR은 탈락이다. 이번 장에서 소개한 네 가지 포인트를 응용해 질문을 높이 뛰어넘어야 한다.

먼저 지원한 회사(또는 회사의 부서 및 프로젝트)의 전체도와 최종 목적을 조사한다. 그리고 회사의 전체도와 자신의 경험과 능력(자신의 전체도)을 어떻게 같은 선상에 놓을지 생각하고, 회사의 최종 목적에 대한 열정을 한층 넓은 경험과 포부(자신의 최종 목적)와 연결 짓는다. 이를 긍정적인 표현을 곁들여 활력 넘치는 톤으로 최선을 다해 전하면 된다.

예를 들어 반도체업체인 인텔에 지원한다면 어떻게 자기소개를 하면 좋을까? 먼저 인텔 기업정보에서 다음과 같은 사명 선언을 발견했다고 치자.

무어의 법칙의 힘으로, 네트워크 기반 스마트 디바이스를 전 세계 사람들에게 제공하자.

준비 과정에서 회사와 자신의 전체도, 최종 목적을 나란히 적어보면 자기소개를 생각하는 데 도움이 된다.

	구직자	인텔
전체도	새로운 소재를 제작한다.	부품을 소형화한다.
최종 목적	클라우드소싱을 확대한다.	디바이스를 전 세계 사람에게 제공한다.

이제 대답해보자.

저는 ABC대학교에서 컴퓨터공학을 전공한 OOO이라고 합니다. 대학교 프로젝트에서 <u>나노테크놀로지를 활용한 재료를 완성했는데</u>(자신의 전체도), <u>부품을 소형화하는</u>(인텔의 전체도) 연구에 늘 관심을 갖고 있었습니다. 저는 <u>클라우드소싱의 힘으로 세상의 다양한 문제를 해결하고 싶습니다</u>(자신의 최종 목적). <u>세상의 문제를 해결하기 위해서 가능한 한 많은 사람에게 디바이스를 제공하는 데</u>(인텔의 최종 목적) 공헌하고 싶습니다.

부디 독자 여러분의 건투를 빈다.

7장

4단계 리프:
정보의 본질을
공유하려면

◉

세상은 '짧고', '빠르고', '심플한' 것을 선호한다.

하지만 안타깝게도 말로 이뤄지는 커뮤니케이션은 예외다. 당신의 생각보다 '길고', '느리고', '품이 드는' 설명이 필요하다. 글쓰기나 프레젠테이션과는 달리 일상적인 대화는 사전에 이렇다 할 준비를 할 수 없다. 그래서 우리는 바꿔 말하거나, 정보를 추가하거나, 되풀이하거나, 정정하고, 나아가 상대방에게 질문을 재촉해 확인하면서 더욱 깊이 이해하려고 한다.
이렇게 노력해도 커뮤니케이션 과정에서 착각과 오해가 생기곤 한다. 게다가 말의 길이가 짧으면 말을 충분히 할 때보다 문제가 생기는 경우가 압도적으로 많다. 그러니 당신은 표면적인 길이, 속도, 수고로움보다도 정보의 본질을 중요하게 여겨야 한다.
이번 장에서는 질문을 뛰어넘어 이해도의 차이를 상대방과 최소한으로 좁히면서 정보를 공유하는 데 효과적인 대답법을 소개한다.

커뮤니케이션 능력이
의무인 시대

피터 드러커는 조직의 커뮤니케이션에 큰 관심을 가졌다. 1988년에 발표한 논문에서 드러커는 기업의 20년 뒤 모습을 예측했는데, 때마침 오늘날 기업에 대한 예측이어서 비교해보니 마치 지금 분석한 듯 딱 들어맞는 설명이 있어 소개한다.

기업은 지휘자(CEO)가 이끄는 오케스트라처럼 계층이 단순하고 횡적 관계가 중요시된다. 지금까지 연구→개발→제조→선전→판매의 순서로 일어났던 일이, 저마다의 정보를 지닌 전문가가 모인 팀에 의해 동시다발적으로 일어난다. 따라서 자기관리 능력이 더욱 중요시되고 대인관계와 커뮤니케이션에 대한 책임감이 한층 중요시된다._〈새로운 조직의 출현〉 중

드러커는 다른 책에서 '커뮤니케이션에 대한 자기 책임'에 대해 다음과 같이 설명했다.

이제 조직은 힘이 아닌 신뢰를 바탕으로 구축된다. 사람들 사이에 신뢰관계가 형성되어 있는지는 서로 호의를 갖고 있는지와 반드시 일치하지는 않는다. 신뢰관계가 형성되어 있는가는 서로 이해하고 있는가의 문제인 것이다. 따라서 반드시 신뢰관계를 형성해야 한다. 이는 의무다._《매니지먼트》 중

드러커는 조직에서 일하는 직장인이라면 반드시 '서로를 이해할 줄 아는 커뮤니케이션 능력'을 가져야 한다고 단언했다. 이런 생각은 2005년 전후부터 글로벌 기업을 중심으로 싹트기 시작해 지금도 널리 확산되고 있다.

커뮤니케이션이 중요하게 부각된 이유는 팀이 제 기능을 다 하지 못하기 때문이다. 물론 팀 자체는 오래전부터 존재했지

만, 팀이 직무 수행의 중추로 활약하게 된 것은 비교적 최근 일이다. 그래서 어떻게 하면 결속력 있고 효과적으로 최상의 성과를 내는 팀워크를 발휘할 수 있을지는 여전히 시행착오를 거듭하는 단계다.

당신도 팀워크를 더욱 향상시키고 싶다고 생각하거나 다른 팀의 부진한 팀워크를 목격한 적이 있을지도 모른다.

부진한 팀워크의 원인이 유독 눈에 띄는 특정 멤버의 무능함에 있다고 결론 내리기 쉽지만, 실제로는 팀 내 신뢰관계의 결여, 마찰에 대한 두려움, 책임감 부족, 부실한 설명, 결과에 대한 무관심과 관련이 있다.

이렇게 팀에 얽힌 여러 문제를 해결하기란 결코 쉽지 않다. 하지만 스트레스와 고민의 원인이 커뮤니케이션을 통해 거짓말처럼 해소되는 경우도 있다.

그러니 일단 드러커가 그린 '개인 커뮤니케이션 능력 향상⇨신뢰관계 구축⇨뛰어난 팀의 탄생⇨조직의 번영'이라는 그림에서 가장 아래층에 있는 개인의 커뮤니케이션 능력부터 개혁하는 것이 팀워크 향상을 위해 가장 손쉽게 시험해볼 수 있는 처방전이다.

최근에는 기업, 대학, 병원도 이 점에 주목해 커뮤니케이션 트레이닝을 속속 필수 프로그램으로 마련하고 있다. 필자 주변 사례를 살펴보면 커뮤니케이션 트레이닝에 힘을 쏟는 기업일수록 직원의 일에 대한 만족도가 높고 착실히 실적을 쌓았다.

그렇다면 대체 어떻게 해야 '서로 충분히 이해할 수 있게 커뮤니케이션하는 능력'을 키우고 깊은 신뢰관계를 쌓아 팀이 최고의 실적을 낼 수 있을까? 이번 장에서는 조직이 쉽게 빠지는 커뮤니케이션의 문제점을 효과적으로 해결할 수 있는 대답법에 대해 알아본다.

정보는 왜 공동화할까?

먼저 잠시 1장을 떠올려보자. 사전에 준비할 수 없는 말로 이뤄지는 커뮤니케이션에서 상대방이 추측하지 않아도 이해할 수 있을 만큼 뜻이 명료하고 충분히 만족할 수 있는 정보가 포함된 메시지를 바로 구성하기란 여간 힘든 일이 아니다. 그래서 상대방이 이해하는 데 오히려 방해될 수 있는 너무 짧은 길이로 대답하기보다는 조금 길이가 길어져도 필수 정보를 확실히 넣어 대답해야 한다고 설명했다.

사실, 이 내용을 꼭 실천했으면 하는 이유가 또 있다. 바로 '정보의 공동화'다. 정보의 공동화는 오늘날 커뮤니케이션을 위협하는 가장 중대한 요인 중 하나다. 원인은 다양하지만 여기에서는 의외로 사람들이 잘 깨닫지 못하는, 심지어 빈번하게 일어나는 정보 공동화의 유형 세 가지를 살펴본다.

멀티태스킹과 기억

디지털 시대의 라이프스타일, 즉 여러 작업을 동시에 수행하는 멀티태스킹과 그에 따른 스트레스가 우리의 기억력과 집중력에 생각보다 큰 손해를 입히고 있다는 사실을 아는가?

UCLA의 연구결과에 따르면 18~39세 사람들 중 14%가 상식과 이름을 잊어버리는 경험을 했다고 한다. 그리고 이런 현상은 IQ, 학력, 경력과는 전혀 무관했다. 이에 관한 사례가 미디어에 크게 소개되기도 했다. 하버드대학생에게 "캐나다의 수도는 어디인가?"라는 질문을 했는데 12명 중 겨우 1명만이 정답을 맞혔다. 심지어 유일한 정답자는 캐나다 출신이었다.

당신에게도 같은 질문을 해보겠다. 캐나다의 수도는 어디일까? 밴쿠버? 토론토? 정답은 오타와다. 캐나다의 수도가 어디인지 기억하지 못했다고 자책할 필요는 없다. 이것이 바로 정보 공동화의 첫 번째 유형이기 때문이다.

캐나다에는 미안한 말이지만 멀티태스킹으로 인해 개인에게 중요한 활동과 기억이 뇌 속에 넘쳐나기 때문에, 상대적으로 중요성이 떨어지는 '캐나다의 수도 오타와'는 기억 밖으로 밀려난 것이다. 그리고 이런 현상은 세계적으로 손꼽히는 대학교의 학생에게도 일어난다.

우리가 필연적으로 접하는 멀티태스킹이 기억력, 집중력, 능률에 방해가 된다는 사실은 뇌과학 측면에서도 차례차례 입증되고 있다. 예를 들어 특정 업무에 몰두하려고 할 때, '읽지 않은 메일이 1통 있다'는 스트레스만 받아도 IQ는 10포인트나 떨어진다고 한다. 이 수치는 마리화나를 피울 때의 집중력 및 기억력 저하 폭보다 큰 수치다.

그렇다면 일주일 중에 출근하는 5일 동안 계속 멀티태스킹 상태였다면 대체 어떻게 되는 것일까? 알고 있을 법한 기본 지식을 어쩌다가 한 번 잊었다고 해서 나무랄 수는 없지 않을까?

기하급수적으로 불완전한 정보를 만드는 메일

정보 공동화라는 말을 듣고 이메일을 떠올린 사람이 있을 것이다. 당신이 생각한 대로다. 메일은 심사숙고해 쓰기도 하지만 대화를 나누듯 신속히 활용하는 경우가 압도적으로 많다. 타이밍을 놓치지 않고 정보를 송신할 수 있어서 편하지만 정보를 점점 불완전하게 만드는 원흉이기도 하다. 이유가 무엇일까?

메일은 늘 자기 중심적이기 때문이다. 발신자가 메일을 쓸 때나 수신자가 메일 내용을 이해할 때, 서로 교류하면서 거듭 확인하고, 반응을 느끼고, 표정과 목소리 톤을 보고 들을 기회는 없다. 늘 고독하다.

메일을 주고받을 때 기준점이 되는 것은 늘 자기 자신이다. 발신자는 수신자가 자신의 메일을 어떻게 해석할지를 자신의 주관으로 판단해 메일을 쓴다. 수신자도 발신자가 어떤 상황, 용건, 감정으로 메일을 썼는지 자신의 주관으로 상상하면서 해석한다.

메시지 발신자가 수신자에게 기대한 이해도와 수신자의 실제 이해도를 비교한 다음 실험결과는 놀랍다.

이 두 가지 수치에서 메일과 대면 및 전화를 통한 커뮤니케이션을 비교해보면 메일에서는 극단적인 오차가 보인다. 메일로 커뮤니케이션을 했을 때 수신자의 실제 이해도는 발신자의 기대치보다 약 20%나 낮다.

간단한 연락이 한 번 오가는 정도라면 내용을 이해하는 데 큰 지장은 없을 것이다. 하지만 내용이 복잡하거나 오랫동안 같은 내용에 대해 연락을 주고받을 때 메일에만 의존하면 이해

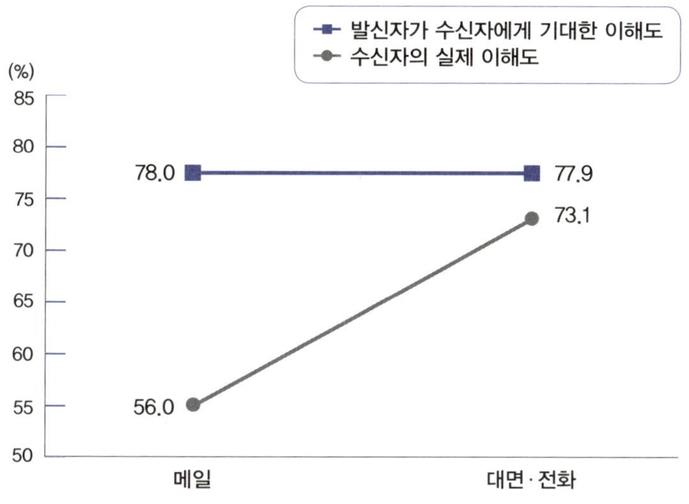

도가 부족한 상태가 계속해서 쌓인다.

메일은 '자기 중심적인 주관에 의한 이해'를 반복하는 도구에 불과하다는 점을 인식하고, 정보가 공동화하고 있지는 않은지 의문을 갖고 확인하는 태도가 필요하다.

더욱이 메일은 프로젝트에 대한 팀 내의 책임도와 관여도가 높아질수록 불완전한 정보를 만들어내는 속도가 빨라진다. 전형적인 예는 어떤 이유로 인해 메일에 참조되지 않은 사람이 있거나, 참조에 포함된 사람이 메일을 대충 읽는 경우다. 보낸 메일 수가 많고 메일 내용이 복잡할수록 정보에는 큰 구멍이

뚫리고 팀으로서의 의의가 현저하게 떨어진다. 그 결과 예상치 못한 성가신 문제가 발생한다.

한 글로벌 기업에서 계약서를 작성했을 때의 일이다. 그 프로젝트팀은 사내 법무팀, 인사팀, IT 관계자, 사외 변호사, 그리고 관리직 한 사람(편의상 A라고 하겠다)으로 구성되어 있었다. 하지만 프로젝트의 중심에 있는 인물은 법무팀과 인사팀 직원이었고, 그 이외의 사람들은 참조에 이름을 올릴 뿐이었다.

특히 관리직이었던 A는 다른 업무를 하느라 바빠서 팀 전원이 모인 미팅에 불참하기도 했는데, 참조로 받은 메일의 상당수를 제대로 읽지 않았는지 프로젝트 내용을 충분히 파악하지 못하고 있었다. 그리고 A의 정보 공동화로 인해 심각한 일이 벌어졌다.

사실 이 회사에는 암묵적인 경영방침이 있었다. 첫 번째는 '말은 짧게', 두 번째는 '논의에 공헌할 것.' 그럴싸한 비즈니스 매너지만, 살짝 틀어지면 양날의 검이 된다는 사실은 누구도 예상하지 못했다.

과연 무슨 일이 일어났을까? A는 유능한 관리직이었고, 두 가지 경영방침을 몸소 실천하기라도 하듯이 프로젝트에 관한 자신의 질문, 의견, 문제 제기를 짧게 정리해 꾸준히 그룹 멤버에게 송신했다.

프로젝트의 현재 상황을 정확히 이해하지 못한 상사 A가 프로젝트의 문제해결과 진척에 대해 요점에서 어긋난 짤막한 메일을 수도 없이 보낼 때 일어나는 불상사를 상상해보라. 요점에서 어긋난 메일은 당연히 가치가 없다. 그렇다고 프로젝트에 공헌하고자 하는 상사의 성의를 완전히 무시할 수도 없었던 프로젝트 리더는 사태를 수습하려고 애쓰다가 스트레스가 쌓여서 프로젝트 막바지에는 A가 보낸 메일을 열기가 두려웠다고 털어놓았다.

물론 A에게는 전혀 나쁜 의도가 없었고, 오히려 팀에서 긍정적인 연쇄반응을 끌어내고 싶다는 열정을 지니고 있었다. 전체 메일의 특성과 정보의 공동화가 맞물려 일어난 디지털 시대의 트러블이었다.

하지만 만약 메일로 인해 불완전한 정보가 발생한다는 사실을 인식하고, 정보의 본질을 공유하기 위해 대책을 마련했다면 사태가 이렇게까지 악화되지 않았을 것이다.

비즈니스 효율은 '팀워크'로 반감된다

정보 공동화의 세 번째 유형 역시 팀 커뮤니케이션에서 발생한다. 아이러니한 점은 장기간에 걸쳐 함께 활동하고 서로 간의 이해와 신뢰가 깊은 팀일수록 혼란을 겪는다는 사실이다. 이는 업무적인 팀은 물론이고 친구 모임이나 가족 간에도 일상적으로 일어나는 일이다.

한마디로 말하자면 '서로의 호흡'에 너무 의존하면 때때로 큰 실수를 범하게 된다.

팀 내에 공유하는 정보가 많으면 효과적인 커뮤니케이션을 하기 어렵다는 사실은 과학적으로도 증명된 바 있다. 두 사람이 한 팀을 이뤄 퀴즈를 풀었다. 한 사람 앞에 놓인 컴퓨터 화면에 무작위로 도형이 표시되면 서로 커뮤니케이션을 거쳐 다른 사람이 도형의 모양을 맞추는 방식이다. 실험에 참가한 40개 팀 중 20개 팀에게는 도형 6개의 명칭을, 남은 20개 팀에게는 18개의 명칭을 사전에 외우도록 했다.

결과는 의외였다. 많은 정보(18개 도형)를 공유한 그룹이 적은 정보(6개)를 공유한 그룹에 비해 도형을 맞추기까지 두 배에 달하는 시간이 들었다.

어째서 이런 의외의 결과가 나타났을까? 더 많은 정보를 공유한 그룹은 도형의 특징에 대해 자세히 묘사하는 대신 문제를 맞히는 사람이 이미 알고 있을 것이라고 생각하는 명칭을 사용했다. 하지만 예상이 어긋나 문제를 맞히는 사람이 도형의 명칭을 모를 경우 두 사람은 혼돈에 빠졌고, 상황을 수습하고 알아맞히기까지 긴 시간을 들여야 했다.

유의해야 할 점은, 이 실험은 정보를 많이 공유할수록 커뮤니케이션이 수월해진다는 사실을 부정하는 것이 아니라는 점이다. 예를 들어 올해 눈부신 활약을 펼친 당신이 상사에게 급여 인상을 요구한다고 치자. 자신을 멀리서만 바라본 CEO보다 몇 년 동안 함께 일하고 책상도 가까운 주임을 이해시키는 편이 훨씬 효율적이다.

이 실험은 동전의 양면과도 같은 위험성을 보여준다. 공유한 정보가 많을수록 특정 정보를 상대방이 자신과 완전히 똑같이 이해하고 추론할 것이라는 착각에 빠지고 만다.

이런 착각에 빠지면 1에서부터 10까지 해야 하는 설명을 60%만 하고, 데이터와 증거를 생략하고, 애매한 단어를 선택하고, 상대방이 이해하고 있다는 전제하에 이야기를 멋대로 끝내려고 하면서 스스로 정보에 구멍을 만든다.

만약 주임이 당신의 급여 상승에 의문을 제기한다면, 주임은 이런 '친밀함의 저주'에 걸린 것일지도 모른다.

정보의 구멍을 메우는 PISTOL 전략

필요한 정보는 빠짐없이 전하라

지금까지 정보 공동화의 유형 세 가지(기본지식 결핍, 불완전한 정보를 만들어내는 메일, 정보를 공유하고 있다는 착각)에 대해 이야기했다. 어떤 것이든 팀이 의식하지 못한 사이에 오해, 시간낭비, 대인관계 마찰을 불러일으켜 일의 효율성과 질을 떨어뜨리고, 특정 개인의 부담이 커지기도 하며, 계획을 급히 변경하는 등 큰 문제로 발전할 가능성이 있다.

정보에 구멍이 생길 수 있다는 사실을 의식하고 이를 방지하기 위해 힘써야 하며, 구멍이 생기면 신속히 발견해야 한다.

정보의 공동화를 예방하기 위해 유념해야 할 말은 '모두 어리석은 사람임을 알라'가 아니다.

바로 '당신이 생각하는 것보다 더 많이 설명해야 한다'이다.

빅데이터 시대이기에 더욱 실천해야 하는 말이다. 필요한 정보만 뽑아도 적잖은 양이 되고, 정보 자체도 복잡한 것이 많다. 정보를 짧게 전하려고 하면 상대방이 이해하는 데 필요한 내용을 빠뜨릴 가능성이 크다. 정보를 제공할 때는 반드시 필요한 내용이 누락되지 않을 만큼의 길이여야 한다.

또한 상대가 이미 알고 있을 것으로 짐작되는 기본지식과 정보가 어떤 이유로 인해 상대방의 머릿속에서 누락되어 있을지도 모른다. 이를 끄집어내겠다는 마음으로 당신의 생각보다 조금 넉넉하게 정보를 전하면 결과적으로 커뮤니케이션이 술술 풀릴 것이다.

"생각보다 넉넉한 설명이란 대체 어느 정도인가요?" 하고 되묻는 사람도 있을 것이다. '비상사태의 행동요령'을 떠올려보면 이해하기 쉽다. 비상사태에는 필요한 정보를 빠짐없이 전해야 한다. 상대방의 지식수준에 대해 생각하고 있을 여유는 없으니 확인차 모두 이야기해야 한다. 장황한 설명은 논외로 치자. 필요한 정보가 주어지지 않아서 일어나는 혼란은 반드시 피해야 한다.

상대에게 필요한 정보와 당신이 제공하는 정보를 각각 양팔 저울의 왼쪽과 오른쪽에 둔다면 오른쪽으로 조금 기울도록 설명해야 한다.

실제 업무에서는 재해 같은 비상사태처럼 시간제약이 엄격한 경우는 드물기 때문에 조금 더 오른쪽으로 기울어도 괜찮다. 정보의 구멍을 메우는 황금 규칙, '당신이 생각하는 것보다 더 많이 설명해야 한다'는 말이 이제 이해되는가?

이 규칙을 실천하려면 다음에 소개하는 기술을 활용해 재차 질문을 뛰어넘어야 한다.

6가지 요소로 360도 시야를 손에 넣어라

미국에서 봄은 벤처캐피털의 계절이다. 예일대학교에서는 매년 수백 명의 학생이 투자자를 상대로 '인도에 깨끗한 물을 제공할 방법'에서부터 '남아메리카의 문자해독률을 높일 방법', '유럽에서 가짜 의약품을 제거할 방법'에 이르는 세상을 더욱 살기 좋게 만들기 위한 아이디어를 프레젠테이션한다. 이른바 자신의 꿈을 이루기 위해 거액의 자금을 얻을 수 있는 일생일대의 프레젠테이션이다.

첫 번째 프레젠테이션에 주어지는 시간은 보통 5분 이하다. 프레젠테이션이라기보다는 예선 통과자를 가리기 위한 질문 '당신의 프로젝트는 무엇입니까?'에 대한 대답이라고 생각하면 된다. 몇 개월에 걸쳐 준비한 복잡한 프로젝트를 5분 안에 설명하기란 결코 쉽지 않다. 하지만 그 대답에서 넘어지면 다음 관문으로 나아갈 기회는 없다.

사실 이 프레젠테이션은 '비즈니스적으로 이상적인 대답'의 기본이다. 본질적인 정보를 일목요연하게 정리하고, 필요한 요소가 누락되지 않도록 신경 쓰면서 질문을 뛰어넘는 대답이기 때문이다.

이런 대답을 습관화하기 위해 지금부터 소개할 PISTOL 전략을 사용해보자.

① 문제(Problem) → 문제 지적

② 중요성(Importance) → 문제의 중요성 및 가치

③ 해결법(Solution) → 문제해결 방법

④ 타임라인(Timeline) → 시간 특정

⑤ 책임자(Ownership) → 영향력을 행사하는 사람 및 책임지는 사람

⑥ 장소(Location) → 문제가 일어나는 장소

앞서의 여섯 가지 요소 모두를 포함하는 것이 기본이다. 정

해진 순서는 없고, 어떤 정보로 운을 떼든 상관없다. 또한 문맥을 고려했을 때 명확히 드러나는 요소는 생략해도 좋다.

PISTOL의 효과는 놀랍다. 각 요소를 균형감 있게 배치하면 발표자는 대부분 2라운드로 진출하고, 순위도 상위 10%에 든다. 듣는 이가 궁금해하고 확인하고 싶어 하는 정보의 본질이 빠짐없이 들어 있어서 내용이 명료하고 상대방이 만족할 만큼 영향력 있는 막강한 대답이 완성되기 때문이다.

말로 이뤄지는 커뮤니케이션은 대화 내용을 예상해 준비하기 어렵다. 하지만 일단 PISTOL을 기억해두면 적당한 길이로 대답할 수 있고, 상대방이 이해하기도 좋아서 설득력 있게 질문을 뛰어넘을 수 있다. 예를 들어보자.

A 보고서는 어떻게 되고 있어요?
B 약간 늦어질 수도 있는데, 순조로워요.

이 대답은 정보 공동화의 원인이 될 수 있다. 왜 그럴까? 여기까지 읽은 독자라면 이미 이유를 눈치챘을 것이다. 질문 자체에만 대답했기 때문이다.

A가 B의 대답에서 얻을 수 있는 정보라고는 '보고서 작성은 하고 있지만 완성이 늦어질 수도 있다'는 사실뿐이다. 보고서

완성이 늦어질지도 모르는 이유에 대해서는 전혀 언급하지 않았다.

A가 보고서의 내용과 이에 관한 정보를 숙지하고 있다면 보고서 완성이 늦어질지도 모르는 이유를 이미 짐작하고 있을지도 모른다. 하지만 이 역시 A의 상상일 뿐, 정확한 이유는 베일에 가려진 채다. 하물며 보고서의 내용과 사정을 모르는 사람(예를 들어 회사 외부 사람)은 보고서 완성이 늦어질 수도 있는 이유를 추측조차 하지 못할 것이다. 대부분의 오해는 이렇게 '불투명한 대답'에서 생긴다.

또한 이 대답에는 결정적인 결점이 하나 더 있다. 보고서 완성이 늦어지는 이유를 확실히 말하지 않았기 때문에 B의 주위 사람들이 문제를 해결하는 데 공헌할 기회를 놓치고 만다. 즉, B 자신이 팀워크의 도움을 받아 더 높은 목표를 향해 나아갈 수 있는 가능성을 차단하고 있다.

그렇다면 PISTOL을 포함해서 질문을 뛰어넘어보자.

보고서(Problem)는 판매 데이터를 입수해야 해서(Importance) 늦어질지도 모르겠어요. 제가(Ownership) 나고야 지점에 전화해서 데이터를 받아(Solution) 완성할게요. 금요일까지는 (Timeline) 드롭박스(Location)에 올리겠습니다.

어떤가? 이렇게 대답하면 문장의 뜻은 물론이고 일의 진행 상황, 현재 상태, 결론까지 명확하게 드러난다. 상대가 확인하고 싶어 하는 본질적인 요소가 빠짐없이 포함돼 있으므로 A를 비롯한 프로젝트 멤버들에게도 만족스러운 정보의 흐름이 형성된다.

업무를 할 때는 당신이 생각하는 것보다 조금 더 많은 정보를 포함한 메시지를 공유해야 한다. 맨 처음 대답과 비교하면 50자 정도가 더 길지만 표준 속도로 말할 때 추가로 드는 시간은 15초도 안 된다. 팀워크를 위해 투명한 정보를 제공할 수 있다면 15초쯤은 긴 시간이 아니다.

게다가 이 대답을 듣고 상황을 파악한 질문자 A가 "판매 데이터라면 영업2팀 C가 이미 가지고 있을 거야" 하고 유익한 정보를 제공하고, B는 기한 내에 무사히 보고서를 완성할 수 있을지도 모른다.

커뮤니케이션은 캐치볼이나 탁구에 자주 비유된다. 하지만 업무적인 커뮤니케이션을 비유하기에는 부적절하다. 애당초 업무를 둘러싼 사정은 하나하나의 일을 순식간에 같은 리듬으로 되받아칠 수 있을 만큼 단순하지 않다는 사실을 당신도 잘 알고 있으리라.

비즈니스 커뮤니케이션은 오히려 배구에 가깝다.

배구에서는 같은 코트에 있는 동료에게 최적의 토스를 해야 한다. 토스는 게임의 결과를 좌우하는 행동이다. 업무적인 커뮤니케이션에서도 맨 처음 대답이 무척 중요하다. 처음 대답에 따라 상대방의 이해도가 달라지는 것은 물론이고 질문과 확인이 순조롭고, 아이디어가 쉽게 떠오르는 데도 영향을 미치기 때문에 커뮤니케이션 전체의 질을 좌우한다.

PISTOL은 당신이 첫 토스를 하는 데 도움을 줄 훌륭한 전략이다.

전문화되고 분업화된 지금이야말로 PISTOL을 활용할 때다

PISTOL에 따라 질문을 뛰어넘으면 팀 내 커뮤니케이션에 상당히 효과적이다. 특히 상대방이 당신이 하는 이야기의 내용에 익숙하지 않거나 당신과 공유하는 정보가 적을 때 도움이 된다.

오늘날 직장인이 직면한 고도로 전문화되고 분업화된 환경에서는 한 사람이 무언가에 대해 높은 수준의 지식을 지니고 있으면 다른 사람들의 지식수준은 그에 훨씬 못 미치는 경우가 허다하다. PISTOL은 이런 환경에서 진가를 발휘한다.

바이오테크놀로지 관련 회사에서 일하는 A가 휴가로 회의에 참석하지 못해 "회의는 어땠어요?" 하고 직장 동료인 당신에게 물었다고 치자. 이때 당신이 회의의 내용에 대해 거의 알지 못하는 A에게 PISTOL을 활용해 질문을 뛰어넘으면 A는 본질적인 정보를 입수하고 당신에게 감사하는 마음을 가질 것이다.

여섯 가지 요소를 포함해 대답하면 다음과 같을지 모른다.

어제(Timeline) 회의는 잘 끝났습니다. 태국 연구시설에서는 실험실장과 주임연구원, 그리고 도쿄 측에서는 회계사와 제가(Ownership) 원거리 화상회의(Location)를 통해 비용 절감 플랜 도입에 대한 진척 상황을 확인(Importance)했어요. 플랜을 재검토한 다음 도입하기 힘든 두 가지 이유(Problem)에 대해 이야기를 나눴습니다. 그 내용에 대해서는 수정한 가이드라인을 다시 보내기로(Solution) 했습니다.

PISTOL을 활용하면 정보가 거의 없는 사람도 만족할 만한 본질적인 내용을 수월하게 조직해 정리하기 쉽다. 조금 길지만 중요한 정보가 누락되지 않았기 때문에 상대방은 정보 전체를 파악할 수 있고, 더욱 자세한 내용이 궁금할 때는 질문하기도 쉽다.

고도로 전문적이고 특별한 지식 또는 풍부한 경험을 지닌 사람일수록 PISTOL을 의식해야 한다. 또한 같은 행동과 설명을 반복해야 하는 직업(예를 들어 서비스센터 직원이나 의사)을 가진 사람에게도 PISTOL은 무척 유효하다.

이런 사람들은 무의식중에 상대방의 지식수준이 자신과 같다고 착각해 저도 모르는 사이에 무성의하게 커뮤니케이션을 할 가능성이 높기 때문이다. 특히 같은 내용을 반복적으로 말하는 데 익숙해지면 설명해야 할 내용을 깜빡해서 건너뛰는 실수에 점점 무뎌질 수 있다.

의사와 환자의 대화를 매끄럽게

적절한 예가 의사와 환자의 대화다. 의사는 고도의 전문성을 지닌 반면, 인터넷으로 다소의 의학지식을 얻을 수 있는 오늘날에도 환자의 의학지식수준에는 한계가 있다. 또한 의사는 유사한 증상을 보이는 환자에게 똑같이 설명하고 치료할 기회가 상당히 많다. 그래서 설명해야 마땅한 내용을 생략하는 경우가 발생하기 쉽다.

당신도 이렇다 할 설명 없이 약을 처방받거나 치료받은 경험이 있을 것이다. 환자에게 진료의 목적과 내용을 충분히 설명해 이해시키는 과정이 우선되어야 하는데도 말이다.

환자를 배려하는 의사라면 "질문 있나요?" 하고 물어볼지도 모르지만, 환자 입장에서는 진찰실을 나온 뒤에야 이런저런 의문이 샘솟는 경우가 많다. 이 또한 어쩔 수 없다. 진찰실에 있는 짧은 시간 안에 생소한 병명, 처치 방법, 처방전을 받아들이기란 쉬운 일이 아니기 때문이다.

얼마 전 필자가 안과 검진을 받으러 병원을 찾았을 때의 일이다. 젊은 의사가 갑자기 "안약 좀 넣을게요" 하고 말하더니 행동으로 옮기려 했다. 의사 입장에서는 하루에 몇 번이나 반복하는 행동이니 굳이 설명하지 않아도 환자가 이유를 알 것이라고 착각하기 쉽다.

하지만 나는 난생처음 겪는 경험이었다. 그래서 목적이 불분명한 의사의 행동에 대해 질문했다. "왜 안약을 넣는 건가요?" 그러자 의사는 귀찮다는 듯이 딱 한 마디로 대답했다. "검사하기 위해섭니다."

만약 이 의사가 PISTOL 전략으로 질문을 뛰어넘었다면 다음과 같이 설명했을 것이다.

눈의 건강 상태를 확인하기 위해서(Importance) 검사를 해야 합니다(Problem). 검사하기 위해서 제가(Ownership) 동공을 여는 안약을 넣는 거예요(Solution). 안약이 제 기능을 하기까지 15분 정도가 걸리니까(Timeline) 대기실(Location)에서 기다리시면 됩니다. ('제가'라는 Ownership은 문맥상 명확하니 생략해도 좋다.)

의사가 자신이 생각하는 것보다 조금 많이 설명하면 환자의 스트레스와 불안감은 눈에 띄게 줄어들고 치료의 만족도가 눈에 띄게 향상될 것이라고 생각하지 않았을까? 미국 메디컬스쿨협회의 통계에 의하면 '의학 기술 이외에 의사에게 가장 중요한 자질은 무엇인가?'라는 질문에 77%나 되는 환자가 '의학 정보를 알기 쉽게 설명하는 능력'을 꼽았다.

의사와 환자의 관계뿐만 아니라 '함께 특정 목적을 향해 나아가는 팀'이 어떤 문제를 안고 있다면 당장 내일부터라도 PISTOL을 활용해보자. 커뮤니케이션 스타일이 주변에 미치는 영향력은 상당히 크기 때문에 PISTOL이 프로젝트팀, 부서, 회사, 병원과 같은 조직 전체에 습관으로 자리 잡기까지 그리 긴 시간이 걸리지 않는다.

주위를 둘러보면 최적화된 정보가 늘 조직 내부를 순환하고 있을 것이다. 이런 문화를 부디 당신부터 키워보자.

델포이의 신탁에서 배우자

'말이 많으면 바람직하지 않다'고 생각하는 사람이 많다.

이유야 다양하지만 '스스로 생각해 행동했으면 좋겠다는 타인에 대한 기대감'과 '말을 많이 하면 사람들이 귀찮아하지는 않을까 하는 우려'는 좋은 팀워크를 다진다는 관점에서 보면 그럴듯해 보이기도 한다. 또한 말을 아끼는 편이 허점을 드러내지 않아 유능하다는 인상을 줄 수 있다는 변명도 들어본 적 있다.

하지만 정말로 이런 이유를 우선시해도 될까?

기원전 560년 전, 리디아 왕국의 크로이소스 왕은 신탁의 적중률을 시험하기 위해 당시 유명하기로 소문난 여러 신탁소에 '과거의 특정한 날에 자신이 무엇을 했는지'를 물어보기로 했다.

델포이의 신탁은 '크로이소스는 청동으로 만든 삼족대좌 위에 바다거북의 등딱지를 올리고 새끼 양 스튜를 만들었다'고 크로이소스의 과거를 꿰뚫어 보았다.

훗날, 크로이소스가 페르시아군과 싸워야 할지 절체절명의 결단을 내려야 할 때 델포이와 테베 두 곳에 신탁을 청하기로 했다.

그런데 양쪽에서 얻은 신탁은 완전히 똑같았다. '페르시아군과 전투를 하면 위대한 제국은 멸망할 것'이라는 대답이었다.

이 대답을 들은 크로이소스는 페르시아군 공격을 결의했고, 전쟁은 눈 깜짝할 사이에 종결되었다. 그런데 패배한 쪽은 페르시아군이 아니라 크로이소스가 이끄는 강대한 제국이었다.

예언은 확실히 적중했다. 하지만 이 예언은 핵심을 이해하기에는 설명이 너무 모자랐다. 결단을 해야 했던 크로이소스는 '패하는 위대한 제국이 어느 쪽을 뜻하는지'를 확인하지 않고 전투를 개시했고, 결국 호되게 당하고 말았다.

확인 작업은 설령 습관화되어 있더라도 다소의 시간과 수고가 필요하다. 확인 작업을 소홀히 해 발생하는 실수는 끊임없이 되풀이되고 있다. 결국, 처음부터 설명을 조금 더 곁들이면 합리적이고, 실수할 확률도 낮아진다.

8장
?
5단계 리프:
당신에 대한
확고한 신뢰를
심어주려면

◉

오늘 사람들에게 몇 번의 질문과 부탁을 받았는가?

우리는 직장 동료나 고객, 또는 가족이나 친구에게 질문과 부탁을 받는다. 하루를 끝마치면서 돌이켜보면 사람은 서로 협력하며 살고, '나도 사람들에게 꽤 의지가 되는구나' 하고 새삼 실감한다.
그런데 당신은 질문과 부탁에 어떻게 대답했는가?
사실 이 점이 가장 중요하다. 사람은 자신이 원했던 것 이상의 대답이 돌아올 때 만족감과 고마움을 느끼고 감동하기 때문이다. 하지만 기대 이하의 대답이 돌아오면 불만을 느낀다.
이런 관점에서 보면 '사람은 질문에 대답할 때 늘 고객서비스를 제공'하는 셈이다. 또한 대답의 질은 상대방에게 평가받고, 상대방이 당신과 회사에 호감을 느낄지 여부를 좌우한다.
마지막 장에서는 상대방이 이상적으로 여기는 대답과 상당히 근접한 가치를 넣어 질문을 뛰어넘음으로써 효율적으로 문제를 해결함과 동시에 당신에 대한 군건한 신뢰를 심어줄 대답법에 대해 설명한다.

당신의 대답은
질문자가 원하는 답과
많이 다를지도 모른다

필요한 것은 문제해결 방법

나리타공항에서 뉴욕행 탑승수속을 할 때 대형견을 데리고 비행기를 타려는 여성을 마주친 적이 있다. 이미 자신의 캐리어를 체크인한 뒤 주차장으로 돌아가 케이지 안에 있는 개를 데리고 오려는 듯했는데, 이때 사용할 대형 카트를 빌리기 위해 항공사 지상 직원과 이야기를 나누고 있었다. 일반 승객이 자유롭게 사용할 수 있는 카트는 대형견 케이지를 싣기에는 너무 작다는 내용이었다.

그날 공항은 평소와는 달리 승객보다 지상 직원이 더 많을 만큼 한산했다. 주위를 둘러보니 대형 카트 여러 대가 질서정연하게 정리되어 있었다. 그런데 지상 직원은 "대형 카트는 원래 빌려드리지 않습니다. 죄송합니다"라는 대답만 반복했다. 승객은 "카트가 없으면 절대로 여기까지 옮길 수 없어요. 죄송하지만 빌릴 수 없을까요?" 하고 재차 물었다.

그러자 지상 직원은 근처에 있던 상사로 추정되는 직원과 작게 몇 초 동안 이야기를 나눴다. 이번에는 상사로 보이는 직원이 다가와 "대형 카트는 직원 전용이어서 빌려드리지 않습니다. 죄송합니다" 하고 같은 말을 되풀이하며 승객의 요청을 거절했다. 그다음에 어떻게 되었는지는 모르지만, 그 여성의 망연자실한 표정이 지금도 눈에 선하다.

누구든 무척 쉽게 빠지는 함정이 바로 프로세스, 매뉴얼, 정책에 연연하는 행동이다. 그러면 커뮤니케이션이 한순간에 형식화되고 '문제해결'이라는 본래의 커뮤니케이션 목적에서 점점 멀어지게 된다.

오해할까 봐 덧붙이자면, 나는 서비스 매뉴얼 규정을 무시하고 승객에게 직원 전용 카트를 빌려줘야 했다고 주장하는 것이 아니다. 설령 규정을 준수하더라도, 커뮤니케이션까지 로봇처럼 틀에 박힌 대답을 했어야 했는가다.

이 사례에서 여성 승객은 '안 되는 일'에 대해 사과를 받으려는 것이 아니다. 다만 문제해결 방법을 알고 싶을 뿐이다. 이 상황에서 지상 직원의 거절과 가벼운 사과는 전혀 의미가 없다. 승객을 이해시키려면 다른 문제해결 방법을 제시하거나 적어도 매뉴얼에서 벗어나 설득력 있는 설명을 충분히 덧붙여야 했다.

프로세스, 매뉴얼, 정책에서 벗어날 용기

회사 입장에서는 정책이나 규정을 내세워 고객의 요청을 거절하면 고객이 납득할 것이라고 생각하지만 이는 어디까지나 정도의 문제다.

회사 측의 일방적인 사정만으로 마련한 규정을 고객이 진심으로 납득하지 않는다는 사실을 늘 명심해야 한다. '빈 카트가 많은데도 빌릴 수 없다'는 사실은 고객 입장에서 당연히 쉽사리 이해할 수 없다. 그리고 고객을 이해시키지 못하면 오늘날 비즈니스를 하는 데 큰 위협이 된다.

미국 최대 인터넷서비스 제공업체인 컴캐스트와 계약을 해지한 고객이 고객센터와 대화한 내용을 녹음해 인터넷상에 올린 적이 있었다. 계약해지 시의 사내 체크리스트 중 하나인 "해지하는 이유가 무엇인가요?"라는 질문을 집요하게 되풀이하는 고객센터 직원과 해지 이유를 밝히고 싶지 않은 고객의 대화는 영락없는 '배틀'이었다.

컴캐스트는 즉각 진심 어린 사과성명을 냈고 2개월 뒤에 해당 부서의 개혁에 착수했지만, CEO인 닐 스미트는 바닥까지 떨어진 평판을 회복하는데 몇 년이나 걸릴 것이라고 비관했다.

한 조사결과에 의하면 불만족스러운 서비스를 경험한 고객의 65%가 그 내용을 타인과 공유했는데, 만족스러운 서비스를 경험한 고객은 그 내용을 타인과 공유하는 비율이 25%에 그쳤다고 한다. 즉, 회사 차원에서는 평균치 이상의 고객서비스를 제공하는 것보다 '규정을 납득하지 못하는 고객'의 부정적인 평가가 확산됨으로써 입는 큰 손실을 막아야 한다.

물론 고객서비스에만 국한된 이야기는 아니다. 질문에 대한 상대방의 '대답'을 납득하지 못할 때 생기는 심리적 불만은 생각보다 크고, 때로는 폭발적인 파괴력을 지닌다. 이는 모든 '질문'과 '대답'에 해당된다. 연인의 이별 통보를 받아들이지 못해 결국 뉴스 지면을 장식하는 사건이 발생하기도 하지 않는가.

이렇게까지는 아니어도 돌아온 대답을 납득하지 못해 스트레스가 쌓여서 기분전환을 하고 싶었던 경험은 누구에게나 있을 것이다. 질문자는 납득할 수 있는 대답을 기대한다.

상대방이 납득할 수 있는 대답은 과연 어떤 대답일까?

고객 입장에서 서비스센터에 바라는 대응을 생각해보면 쉽게 이해할 수 있다. 예를 들어 인터넷 접속이 되지 않아 인터넷 업체와 통화할 때, 구입한 상품에 문제가 있어서 백화점에 연락할 때, 또는 갑작스러운 치통 때문에 치과에 가야겠다고 상사에게 말했을 때도 좋고, 피트니스센터의 계약서에 의문을 가졌을 때도 좋다.

어떤가? 당신은 혹시 '고객은 왕'이라며 극진한 대우를 바라고 있는가?

현대 사회를 사는 당신이라면 그럴 가능성은 거의 없다. 전 세계 소비자 9만 7,176명을 대상으로 한 최근 조사에 따르면 고객의 바람은 숨 가쁘게 돌아가는 디지털 시대에 발맞춰 크게 변화하고 있었다.

조사 결과, 고객의 기대를 뛰어넘는 서비스를 제공해도 의외로 고객은 큰 만족감을 느끼지 않았다. 또한 기존의 예상과는 달리 '상품과 서비스에 관한 지식', '고객이 처한 상황에 대한 공감', '풍부한 고객서비스 경험'도 만족감에 별다른 영향력을 미치지 못했다.

고객은 고객만족도의 중요한 요소로 다른 두 가지를 꼽았다. 대체 무엇이었을까?

첫 번째, 문제에 집중해 신속하고 간단하게 문제를 해결해주기를 바랐다.

오늘날 고객은 '나는 고객이니까 극진히 대해주세요'가 아니라 '얼른 제 할 일을 하고 싶으니 쉬운 방법으로 빨리 해결해주세요' 하고 바란다. 예를 들어 온라인으로 자동차 보험을 신청하는데 웹 페이지에서 접수한 뒤 메일을 쓰거나 전화를 걸어 따로 신청을 완료해야 한다면 과다한 노력이 드는 셈이다. 이렇게 고객의 기대에 역행하면 환영받지 못한다.

두 번째, 고객은 기분 좋은 경험을 하기를 바랐다.

고객의 경험이라는 측면에서는 '고객을 위해 실제로 기울인 노력'과 '고객에 대한 커뮤니케이션의 질' 두 가지를 생각해볼 수 있는데, 65% 이상의 고객이 후자를 원했다.

여기서 말하는 '기분 좋은 경험'은 단순히 정중하거나 기분이 좋은 상태를 말하는 것이 아니라 '문제를 해결하기 위해 신속하고 간단한 커뮤니케이션이 이뤄졌는가' 하는 점을 말한다. 이에 대한 자세한 내용은 차차 설명하겠다.

즉, 문제를 해결해야 하는 상황에서 대답할 때 이 두 가지 요소를 포함하면 고객의 니즈를 충족시킬 수 있다.

또한 고객 외의 모든 질문자(동료, 가족, 친구)를 대할 때도 충분히 이해할 수 있게끔 같은 요소를 대답에 가미해야 한다. 상대방을 고객으로 여기면 거의 모든 사람을 만족시킬 수 있다.

그렇다면 구체적으로 어떻게 대답하면 좋을까? 이제 다시 '질문을 뛰어넘는 대답'에 주목해보자.

2 문제를 해결하겠다는 의지로 대답을 돌파하라

디지털 시대에 쓸모없는 대답은?

상대방을 납득시킬 수 있는 좋은 대답이 무엇인지 고민하기 전에, 먼저 나쁜 대답에 대해 생각해보자. 다시 고객 또는 질문자로서의 경험을 떠올려보자. 혹시 다음과 같은 대답을 들은 경험이 있지 않은가?

① 형식적인 대답

형식적인 대답이란 질문에 매뉴얼대로 대응하는 대답이다. 규정과 프로세스를 기계적으로 대답한다.

간단한 문제라면 형식적인 대답으로 해결할 수 있다. 하지만 질문 내용이 복잡하거나 드문 질문이라면 대답은 순간적으로 갈피를 잃는다. 이런 점은 기계와 비슷하다. 같은 대답을 되풀이하고, 물 흐르듯 자연스럽게 대답하지 못하며, 상사와 같은 제삼자에게 조언을 구해야 하므로 대답하기까지 상당한 시간이 걸리기도 한다.

전형적인 거절 표현으로 "죄송하지만 당사의 정책(규정)상 불가능합니다", "원래 해드리지 않습니다. 죄송합니다"가 있다. 사과하면서 완곡하게 거절하는 듯 보이지만 설명을 덧붙이지 않으면 설득력이 떨어지는 경우가 많다. 고객에게 빈번하게 'NO'를 외쳐야 하는 정책과 규정은 재검토할 필요가 있다.

② 같은 설명을 강요하는 대답

담당자가 아니거나 지식이 부족하다는 이유로 다른 사람(다른 부서, 담당자, 상사)에게 질문을 넘기는 바람에 같은 질문과 설명을 되풀이해야 하는 경우가 있다. 전화상으로는 물론이고 얼굴을 마주하고 대화하는 경우에도 일어난다. 복잡한 내용을 두세 번 반복해 말하기란 상당히 번거롭다.

예를 들어 사내 컴퓨터에서 특정 웹사이트에 접속이 안 되고 있다. 아무래도 방화벽이 원인인 듯하다. 당신은 해결 방법을 찾기 위해 IT 담당 부서에 연락해 상황을 설명했다. 그러자 "잠시만요"라는 안내 멘트와 함께 다른 사람이 전화를 건네받았고, "웹 접속이 안 된다고 하셨는데, 어떤 상황인가요?"라는 질문에 똑같은 내용을 처음부터 설명해야 했다.

시간에 쫓기는 현대인은 같은 설명을 되풀이하는 일을 너무나 싫어한다. 문제를 한시라도 빨리 해결하고 자신의 다음 일을 처리하고 싶어 한다.

③ 관련된 문제를 꿰뚫어 보지 못한 대답

질문에 관한 문제를 충분히 예상할 수 있음에도 불구하고, 문제해결 방법이 대답에 포함되어 있지 않은 경우가 있다. 그 결과, 질문자는 원래 질문에서 파생된 문제의 대답을 얻기 위해 추가로 질문해야 하고, 이 과정에서 불만을 느낀다.

질문에 관한 문제는 누구든 예상할 수 있는 경우도 있고 특별한 지식을 지니고 있거나 경험해야만 추측할 수 있는 경우도 있다. 어떤 경우든지 질문받은 문제만을 해결하는 것이 아니라 상대방을 배려해 관련 있는 문제의 해결 방법도 함께 제시하면 상대는 고마움을 느낄 것이다.

예를 들어 병원에서 건강검진을 받았다고 치자. 원무과에 "결과는 언제 알 수 있나요?"라고 물어보았더니 "결과는 열흘 뒤에 나올 예정입니다. 오늘 진료비는 5,000원입니다"라는 대답이 돌아왔다.

그런데 당신은 지하철을 타고 나서 문득 '그런데 결과는 어떻게 알 수 있는 거지?'라는 의문이 들었다. 건강검진결과를 우편으로 보내주는 것인지, 접수처로 직접 찾으러 가야 하는지, 다시 진찰을 받아야 하는지 다시 병원 측에 연락해 물어봐야 한다.

원무과 직원은 수없이 이런 상황에 대응했을 테니 여기에서 파생되는 질문이 무엇인지 훤히 알고 있었을 것이다. 그러니 원래 질문인 "결과는 언제 알 수 있나요?"의 대답에 이와 관련된 대답도 포함했어야 했다.

물론 당신도 문제를 예상해서 "결과는 언제, 어떻게 알 수 있나요?"라고 질문할 수 있었다. 하지만 병원처럼 환자가 스트레스를 받기 쉬운 장소에서는 평소와 같은 평정심을 기대할 수 없는 경우도 종종 있다.

지식과 경험이 풍부한 직장인이 원래 질문에서 파생되는 문제까지 내다보고 대답하면 상대는 물론이고 자신의 일도 효율적으로 처리할 수 있다. 또한 상대에게 기분 좋은 경험을 제공했으니 나의 호감도가 높아진다.

'워스트 대답 3'를 수정하라

그런데 앞에서 말한 '워스트 대답 3'에는 한 가지 공통점이 있다. 혹시 눈치챘는가? 하나같이 질문의 프레임에 묶여 질문 그 자체에 대답하는 것이 유일한 임무라고 착각하고 있다는 점이다.

무엇보다 중요한 점은 '상대방이 문제를 해결하는 것'이다. 하지만 이 사실을 잊거나, 마지막까지 문제를 해결하려는 책임감이 약하다는 인상을 주는 대답을 하고 있다.

문제를 해결하고자 하는 책임감을 지녔다면 정책을 앞세워서 고객의 부탁을 거절하기 전에 대안을 제시했을 것이다. IT 담당 부서 직원도 문의를 상사에게 넘기기 전에 직접 방화벽 사양을 알아본 뒤, 특정 홈페이지에 접속하지 못하는 이유를 몇 가지 꼽을 수 있었을 것이다.

병원 접수 담당자는 한발 앞을 내다보고 환자가 다시 연락하는 수고를 들이지 않도록 "결과는 기본적으로 우편으로 보내드리지만 원하신다면 의사가 직접 설명해드릴 수도 있습니다"라고 안내했을 것이다.

즉, 문제를 효율적으로 해결하고 상대와 견고한 신뢰를 쌓으려면 해결될 때까지 그 문제에 매달리겠다는 마음으로 질문을 뛰어넘어야 한다.

문제를 해결하고자 하는 책임감이 클수록 질문을 높이 뛰어 넘어 대답할 수 있다.

결과적으로 질문을 뛰어넘는 대답은 상대방에게 기쁨을 주는 것은 물론, 회사와 당신을 훌륭히 마케팅하는 역할을 한다.

3 당신의 평판을 올려주는 대답의 3가지 비법

지금부터 질문을 뛰어넘는 기술에 대해 구체적으로 살펴보자.

간단히 말하면, 앞서 설명한 '워스트 대답 3'를 피하고 지금부터 소개할 세 가지 비법, 즉 '질문자 참여형 문제해결 스타일', '앞을 내다본 대답', '긍정적 단어 활성화'를 활용하면 고객을 비롯한 모든 질문자가 문제를 매끄럽게 해결할 수 있고, 당신의 호감도가 높아지며, 서로 두터운 신뢰를 쌓을 수 있다.

다시 강조하지만 다음 세 가지 비법은 고객을 응대할 때뿐만 아니라 문제해결을 목표로 하는 어떤 질문에든 응용할 수 있다. 예문에 얽매이지 말고 비법의 요점을 파악하자.

팀원이 되면 즐겁게 문제를 해결할 수 있다

차별을 지양하고 평등을 중요시하는 현대 사회에서 사람들은 가볍고 친숙한 대인관계를 선호한다. 이는 질문자와 대답자 사이에서도 마찬가지다.

위계질서를 연상시키는 대응은 금물이다. 자신보다 경험과 지식이 적을 것 같은 상대방에게 가르치는 듯한 단어를 사용하거나 "이렇게 해주세요, 저렇게 해주세요" 하고 일방적으로 지시하면 유쾌한 경험이 될 수 없다.

이런 점에서 현대의 요구에 딱 맞는 비법이 바로 '질문자 참여형 문제해결 방법'이다. 특징을 한마디로 말하면 '당신과 상대방이 한 팀에 속해 있다는 팀원 감각'이다. 서로 연계해 신속하고 간단하게, 효율적인 문제해결 방법을 함께 모색하는 방법이다.

질문자 참여형 문제해결 스타일을 실현하려면 다음 두 가지 기본자세를 명심해야 한다.

① 상대방이 처한 상황/곤란함/요청에서 진짜 생각을 캐치하라

먼저 상대방의 이야기에 유심히 귀 기울이고, 상대방이 직면한 문제의 전모를 이해해야 한다.

당연한 말이라고 생각할지도 모르지만 표면적으로 물어보는

데 그치거나, 물어보는 시늉만 하는 경우가 생각보다 많다. 특히 늘 고객을 대하는 직업의 경우, 남의 이야기를 듣는 행동이 너무 익숙한 나머지 매너리즘에 빠지거나 개개인의 다른 사정을 패턴화하기 십상이니 주의해야 한다.

단순히 상대의 말을 듣는 데 그치지 않고 상대방이 당신에게 전하려고 하는 생각 전체를 캐치하라. 말과 생각이 늘 같으리라는 법은 없다.

상대방의 이야기만 듣고서 상황, 사정, 자세한 내용을 이해하기 어려울 때는 질문을 통해 한층 깊은 정보를 끌어낼 필요가 있다. '왜?'라는 질문은 문제가 무엇인지 밝혀주기 때문에 특히 유용하다. 적절한 질문을 주저하지 않고 던지는 행동은 문제해결 방법을 발견하기 위한 가장 효과적인 수단이라는 사실을 마음에 새겨두자.

다음 예시를 보면 이 사실을 더욱 실감할 수 있다.

고객 체크아웃 연장할 수 있을까요?

나쁜 호텔 직원 죄송합니다만 체크아웃은 10시라서 연장 요금이 발생합니다.

좋은 호텔 직원 연장을 원하시나요? 괜찮으시다면 이유를 여쭤도 될까요?

고객 에어컨 상태가 안 좋아서인지, 더워서 잠을 잘 못 잤어요. 잠을 조금 더 자고 싶어요.

　나쁜 호텔 직원은 '죄송합니다만'이라고 일단 사과는 했지만 일방적으로 호텔 측 규정을 전하고 있는 것에 불과하다. 이 대답의 결정적인 문제는 무엇일까? 연장 요금 규정? 그도 그렇지만 더욱 큰 문제는 문제의 전체상을 파악하지 못했기 때문에 결과적으로 훌륭한 서비스를 제공하지 못했다는 점이다. 문제의 전모를 파악해야 비로소 가장 적절한 대응과 해결책을 제시할 수 있으니 말이다.

　이 예시에서는 단순히 체크아웃시간을 연기해도 에어컨의 성능이 안 좋다는 근본적인 문제는 전혀 해결되지 않고, 고객의 불편한 잠자리도 해결되지 않는다. 그러니 이 고객이 호텔과 호텔 직원에게 좋은 인상을 갖고 긍정적인 리뷰를 써줄 것이라고는 도저히 기대할 수 없다.

　좋은 호텔 직원처럼 '왜?'라고 물으면 문제의 전체상을 또렷이 파악할 수 있다. 이것이 단순히 매뉴얼에 따라 문제를 처리할 때와 서로 대화를 나누며 문제를 해결할 때의 차이다. 그리고 대화는 상대방과 함께 더욱 좋은 문제해결 방법을 모색하기 위한 첫걸음이다.

② 문제의 진짜 원인을 밝히고, 최적의 해결 방법을 제안하라

상대방의 요청과 그 뒤에 숨어 있는 이유를 이해했다면 이제 문제의 진짜 원인을 밝히고 상대의 요구와 가장 부합하는 해결 방법을 제안해야 한다.

이 단계에서는 문제를 해결하기 위해 팀원을 대하는 듯한 태도와 언어를 사용하면 무척 효과적이다.

그런데 팀원을 대하는 듯한 태도란 무엇일까? 당신과 상대방이 같은 팀에 속해 있다면 당신은 상대방의 문제를 최적의 방법으로 해결하기 위해 필사적으로 노력할 것이다. 일단 호텔 공조실에 연락해 에어컨 온도를 확인한다. 공조실에서 원인을 찾지 못하면 룸의 개별 에어컨 상태를 점검한다. 이처럼 팀원을 대하는 듯한 태도는, 당신이 상대방의 문제를 남의 문제가 아닌 팀의 문제로 진지하게 받아들이고 있다는 확신을 심어준다.

행동뿐만 아니라 "같이 해결해보죠", "최적의 해결 방법을 찾아봅시다"처럼 팀원끼리 나눌 법한 말도 같은 효과가 있다. 팀원이라면 서로 격려의 말도 잊지 않을 테니 말이다.

팀을 이뤄 일할 때를 떠올리면 된다. 이렇게 팀원을 대하는 듯한 태도를 유념하면 누군가가 매뉴얼과 프로세스에서 벗어난 요청을 해도 유연히 대처할 수 있다.

상대방과 같은 팀에 속해 있다고 생각하면 "죄송합니다만, 당사 정책(규정)상…"처럼 단칼에 거절하는 행동은 자연스럽게

선택지에서 사라진다. 같은 팀에 속한 사람에게 애당초 있을 수 없는 일이기 때문이다.

그 대신 당신 또는 상대방과 상관없는 외적 요인, 예를 들어 정부 규정, 법률, 다른 고객과의 형평성을 거절 이유로 들 수 있다. 이는 결과적으로 고객이 회사와 당신에게 언짢은 마음을 품지 않게 도와준다.

어쩔 수 없이 고객의 요청을 거절해야 하는 상황에서도 당신은 거절하기 전에 대안을 창의적으로 모색하게 될 것이다. 이 책의 '시작하며'에서 소개한 카페 직원처럼 말이다.

상대방과 팀원 정신을 공유하면 설령 당신이 불가피하게 'NO'라고 말하더라도 상대방은 불평하지 않고 이해해줄 것이다.

모두 당신의 통찰력에 감동한다

최적의 문제해결 방법을 찾았더라도 그 방법을 '상대방에게 제안하기만 하면 끝'이라고 생각하면 디지털 시대의 대답법으로는 조금 모자라다.

질문에 관련된 문제를 꿰뚫어 보지 못한 대답이 '워스트 대답 3' 중 하나라는 점은 앞서 설명했다. 실제로 '워스트 대답 3'

중에서도 최악으로 꼽히는 대답법이다. 고객센터에 여러 번 연락해야 하는 서비스 환경이 고객 이탈에 가장 큰 영향을 미친다는 연구결과도 존재한다.

즉, 회사 차원에서는 질문 자체에는 포함되어 있지 않더라도 질문과 관련 있는 문제가 무엇인지 예상해 대답함으로써 고객이 여러 번 질문해야 하는 상황을 반드시 피해야 한다.

필자가 공항에서 겪었던 일화를 소개한다. 뉴욕 존 F. 케네디 공항에서 체크인을 하면서 항공사 지상 직원에게 "오늘 비행기는 만석인가요?"라고 물었다. 내 질문을 들은 직원은 "오늘은 비교적 한산합니다"라고 대답하는 대신 "옆자리가 빈 좌석으로 배정해드릴까요?" 하고 질문을 뛰어넘어 대처했다.

나는 "옆자리가 빈 좌석을 배정해주실 수 있나요?" 또는 기내에서 "옆자리가 빈 좌석으로 옮겨도 될까요?" 하고 질문하는 수고를 줄였고, 원했던 바도 이뤘다.

'보이지 않는 문제'를 예상해 대답하면 누구든 만족시킬 수 있다는 사실을 늘 명심하자.

예를 들어 상사가 "보고서 초안 다 됐어?" 하고 물었다. 마침 초안이 다 완성된 상태여서 즉시 "여기 있습니다!" 하고 파

일만 첨부해 보내면 당장은 신속한 대응으로 깊은 인상을 남길 수 있을지 모른다.

하지만 초안에서 파생된 문제를 꿰뚫어 보고 상사가 당신에게 질문하는 번거로움을 없애면 상사에게 훌륭한 '고객서비스'를 제공하는 셈이다. 예를 들어 "2페이지 그래프는 조금 오래된 것이니 내일까지 새로운 자료로 고치겠습니다" 하고 전문적이면서도 질문을 뛰어넘는 메시지를 덧붙이면 된다.

질문에서 파생된 문제까지 꿰뚫어 보고 질문을 뛰어넘으려면 질문자가 누구든 같은 팀원이라는 생각을 가져야 한다. 같은 팀의 문제라고 생각하면 자연스럽게 마지막까지 최적의 해결 방법을 찾으려는 사명감이 생긴다. 같은 팀 동료인 상대방에게 도움을 주기 위해서 당신의 지식, 경험, 통찰력이 더욱 날카롭게 빛날 것이다.

긍정&초긍정 단어를 구사하라

미국에 있는 대형 조명회사 오스람실바니아는 고객서비스에서 사용하는 언어에 대해 흥미로운 사실을 발견했다. 바로 '긍정적인 단어가 사람에게 미치는 절대적인 영향력'에 대해서다.

고객에게 빈번히 사용하는 부정적인 단어로는 '문제', '곤란', '안타깝게도', '유감스럽지만'을 비롯해 대표적인 세 가지 부정형 '할 수 없습니다', '하지 않습니다.', '할 리 없습니다'에 내포된 'not'이 있다.

오스람은 고객에게 유감스러운 사정을 설명할 때 부정적인 단어를 피해 긍정적인 단어만 사용해도 고객만족도가 약 20% 향상된다는 사실을 발견했다. 즉, 대답은 다음과 같이 바뀐다.

부정적인 대답 유감스럽지만 이 전구는 이번 달 말까지 입고가 예정되어 있지 않습니다.

긍정적인 대답 이 전구는 상당히 인기가 좋아서 입고되는 데 2~3주가 소요될 예정입니다. 예약 도와드릴까요?

고객은 인기상품이라는 말을 듣고 자신의 선택이 잘못되지 않았다고 확신한다. 그러면 상품이 입고되기까지 걸리는 시간이 짧게 느껴지고, 매력적인 상품을 예약해서 2~3주 안에 손에 넣을 수 있다는 사실을 다행스럽게 여길 것이다.

대답을 바꾸기 위해서 크게 고민하지도 않았다. 다만 '불가능한 일'이 아닌 '가능한 일'을 안내하고 있을 뿐이다. 이렇게만 해도 65%가 넘는 고객이 커뮤니케이션에 만족하고 '기분 좋은 경험'으로 받아들인다. 특별한 기술을 사용하거나 고민하는 대신 긍정적인 단어만 선택해도 상대방에게 유쾌한 경험을 안겨주니, 어떤 대답에든 손쉽게 응용하자.

부정적인 단어 대신 긍정적인 단어를 사용한다. 여기에 초긍정 단어를 포함하면 질문자의 마음을 한층 효과적으로 움직일 수 있다. 초긍정 단어란 긍정적인 단어 중에서도 '확실히', '절대적으로', '눈에 띄는', '훌륭한'처럼 긍정적 측면이 특히 큰 단어들을 말한다.

다음 예를 살펴보자.

찬성합니다. → 무조건 찬성합니다.
성능은 나무랄 데 없습니다. → 성능은 탁월합니다.
좋은 프레젠테이션이었어요. → 훌륭한 프레젠테이션이었어요.

왼쪽과 오른쪽 문장을 비교해보면 이런 단어가 얼마나 긍정적인 효과를 높이는지 실감할 것이다.

이번에는 부정적인 대답, 중립적인 대답, 초긍정적인 대답을 비교해보자. 병원에 전화해서 "지난번 검사결과는 나왔나요?" 하고 질문한 상황이다.

부정적인 대답 죄송합니다만, 아직 결과는 안 나왔습니다.

중립적인 대답 결과는 오후 3시 전에 나옵니다.

초긍정적인 대답 결과는 오후 3시 전에는 확실히 나옵니다.

우리는 부정적인 단어에 매우 민감해서 'NO'라는 한마디를
들으면 1초도 안 되는 사이에 스트레스를 유발하는 호르몬과
신경전달물질이 방출되어 뇌의 정상적인 활동을 방해하고, 논
리력, 판단력, 커뮤니케이션 능력에 지장을 준다. 우리의 뇌는
긍정적인 단어에는 둔감해서 적어도 중립적인 상태에 비해 세

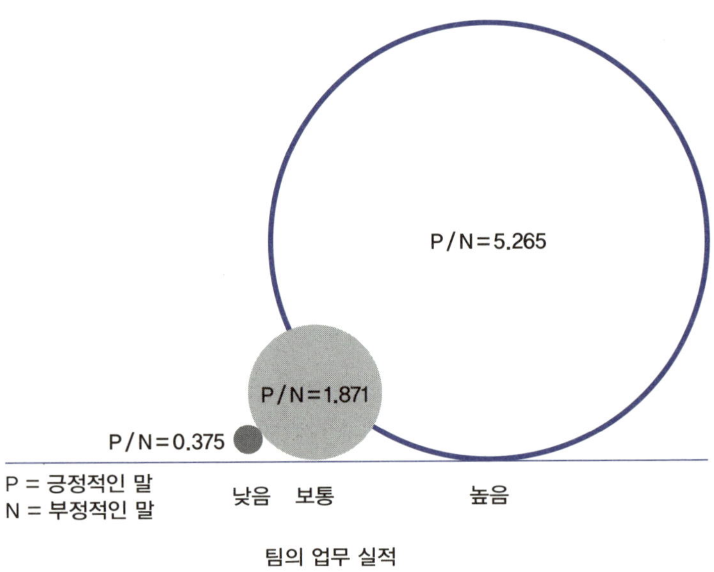

배 이상 많은 긍정 단어를 듣지 않으면 중립적인 상태가 유지된다는 연구결과도 있다.

초긍정 단어는 더욱 효율적으로 상대방의 기분을 좋게 만든다. 실제 업무를 바탕으로 한 조사에서도 팀 내에서 긍정적인 말(단어, 표현, 문장 구조)을 사용하면 실적, 수익성, 고객만족도와 같은 전방위 평가에 직접적으로 영향을 미친다는 사실이 드러났다. 그 결과는 앞 페이지 하단의 원그래프와 같다. 이 그래프는 '업무에 사용한 부정적인 말에 대한 긍정적인 말의 비율'과 '팀별 실적의 크기'를 비교한 것이다.

이들 조사를 종합해볼 때, 초긍정 단어를 포함한 긍정적인 말을 늘 의식하면서 여러 번, 반복적으로 사용하면 상대방을 기분 좋게 만들어 팀워크를 극대화할 수 있다.

매뉴얼대로 거절했던 대답이 이렇게 바뀐다

마지막으로, 이번 장 처음에 예로 든 항공사 지상 직원의 대답을 디지털 시대의 고객에게 어필할 수 있게끔 질문을 뛰어넘는 대답으로 고쳐보자.

다시 한 번 상황을 확인하자면, 고객이 케이지 안에 있는 대형견을 주차장에서 항공사 체크인 카운터까지 옮기기 위해 공항 내에 차곡차곡 정리된 대형 카트를 빌려도 되겠냐고 물어봤는데, 예상과는 달리 거절당하고 말았다.

처음 대답 대형 카트는 원래 빌려드리지 않습니다. 죄송합니다.

질문을 뛰어넘는 대답

알겠습니다. 케이지 속 대형견을 주차장에서 이곳까지 옮기고 싶다는 말씀이시죠?(요청의 전모를 이해한다) 강아지도 불안해하고 있을 테니, 간단하고(긍정적인 단어) 신속하게(긍정적인 단어) 진행하는 게 좋을 것 같습니다(팀원 정신). 여기 있는 카트는 직원 전용인데, 더 좋은 방법(팀원 정신)이 있습니다. 먼저 직접 검역본부로 가셔서 대형 카트를 빌리십시오. 이곳보다 검역본부가 주차장과 더 가깝고, 강아지를 데려오면 검사도 바로 할 수 있어서 가장(슈퍼 긍정적인 단어) 편합니다(긍정적인 단어). 검역본부는 곧장 가시다가 왼편 두 번째 대형 승강기를 타고 2층으로 가시면 왼편 문 안쪽에 있습니다. 문에 잠금장치가 되어 있으니 여기 있는 내선 전화로 검역본부에 미리 연락해주십시오. 내선 번호는 전화기 앞에 표시되어 있습니다(문제의 보이지 않는 부분까지 예상한 대답).

내용이 정확한지는 차치하고 대답의 본질에 주목해보자. 이번 장에서 살펴본 '질문자에게 필요한 내용'을 잘 조합해 대답을 만들면 매뉴얼과 프로세스를 이유로 들어 거절하는 대답을 이렇게까지 바꿀 수 있다. 들어가야 하는 정보를 잘 조합하기만 하면 대답의 길이는 다소 길어져도 괜찮다.

커뮤니케이션에 꼭 필요한 요소를 넣기만 하면 되니 사교성이나 공감 능력과는 상관이 없다. 익숙해지기만 하면 누구든 활용할 수 있는 명쾌한 대답법이다.

새로 완성한 대답은 현대인의 니즈(팀원 정신, 문제를 이해한 뒤 신속하고 편리하게 해결하려는 의지, 기분 좋은 경험)에 꼭 맞는 대답이다. 질문을 뛰어넘음으로써 매뉴얼과 프로세스를 초월한 커뮤니케이션이 이뤄졌고, 고객서비스를 훌륭히 제공했다는 점에 주목하자. 또한 항공사 직원의 행동은 매뉴얼과 프로세스에서 전혀 벗어나지 않았다.

회사가 고객에게 질문을 뛰어넘어 대답하면 디지털 시대에 특히 중요한 마케팅 전략인 고객서비스 측면에서 성과를 낼 것이다. 여기에서 끝나지 않는다. 이런 고객서비스가 늘어나면 전 세계 소비자의 생활은 눈에 띄게 밝아질 것이다.

지금까지 소개한 세 가지 비법은 고객에게만 활용할 수 있는 것이 아니다. 회사 밖에서 만나는 사람들, 즉 가족, 친구, 이웃들에게 '문제를 해결해야 하는 상황에서 질문에 대답할 때'도 습관화하면 한 팀인 듯 친근한 느낌을 상대방에게 전하면서 능수능란하게 해결 방법을 제안할 수 있으니 끈끈한 신뢰관계를 구축할 수 있다.

'질문'과 '대답' 사이 힘겨루기의 결말

이번 장에서는 '질문에 대답할 때 우리는 고객서비스를 제공한다'는 관점에서 어떻게 질문에 답하고 문제를 해결해야 나의 호감도를 높이고 상대와 신용을 쌓아 끈끈한 신뢰관계를 키워나갈 수 있는지 살펴봤다.

여기에서 다시 확인할 수 있는 점은, 1장에서 언급한 '질문과 대답의 힘겨루기에서 대답이 이긴다'는 말이 역시 옳다는 점이다. 언뜻 대답을 이끌어내고 대화를 진행하는 '질문'이 주도권을 쥔 것처럼 보일 수도 있다. 하지만 제아무리 좋은 질문을 해도 어떤 대답이 돌아올지 예측할 수 없고, 상황에 적절한 질문을 한다는 보장도 없다. 질문자(예를 들어 소비자, 환자, 신입사원, 관광객)가 사정을 잘 모르거나, 지식이 부족하거나, 솔직하게 묻지 못할 수도 있기 때문이다.

부적절한 질문이 들어와도 커뮤니케이션상의 약자에게 손을 내밀 수 있는 대처법이 바로 '질문을 뛰어넘어 대답하기'이다. 어떤 상황에서든 질문을 뛰어넘어 대답하면, 대답이 최대한의 위력을 발휘해 대화의 주도권을 쥐게 되고, 대화는 결코 서로에게 무익하게 흐르지 않는다. 질문은 단지 계기일 뿐이다. 소크라테스처럼 뛰어난 질문을 해 얻을 수 있는 커뮤니케이션 성과를 대답만으로 얻을 수 있다.

이 책에서 소개한 '질문을 뛰어넘는' 다양한 기술은 질문자가 누구든, 전 세계 어디에 있든, 어떤 상황에서 대화하든 상관없이 '대답'으로 대화를 제어할 수 있는 힘을 당신에게 부여해 줄 것이다.

당신은 무한한 힘을 자유롭게 발휘해 새로운 가능성을 차례차례 꽃피우면서 밝은 미래로 날아오를 것이다.

'왜 질문에만 초점을 맞출까?'

3년 전 문득 품은 사사로운 질문이 이 책의 시작점이었다. 찾아보니 '대답법'에 대해 다룬 책은 일본어로도 영어로도 거의 출간되어 있지 않았다. 대답하는 방법을 다룬 책을 딱 하나 발견했는데, 취업 면접의 전형적인 질문에 어떻게 대답하면 좋을지를 다룬 책이었다. 반면 '질문의 위력'과 '좋은 질문을 하는 방법'에 대해서는 심리학에서부터 저널리즘, 비즈니스에 이르는 다양한 관점에서 폭넓고 깊이 있게 다루고 있었다.

왜 이렇게 질문에만 초점이 맞춰져 있을까?

인생은 '대답'에 크게 좌우된다. 부모, 스승, 친구에게서 어떤 '대답'이 돌아오는가에 따라 인생의 난국을 극복하기도 하고, 때로는 어떻게 '대답'하는가에 따라 좋은 기회를 잡거나 놓치기도 한다. 이와 함께 '대답하는 방법'은 인격, 능력, 지식을 뚜

렷이 반영하며, 친해지고, 존경받고, 고용되고, 대인관계를 쌓
는 주춧돌이 된다. 대답은 질문보다 확실성이 높고 영향력도
막강하다. 그럼에도 불구하고 '좋은 대답법'을 배울 기회가 부
족하다는 점이 안타까웠다.

'전 세계적으로 활용할 수 있는 대답 기술이 존재할까?'

비즈니스 커뮤니케이션의 권위자 윌리엄 반스에게 물었다.
이렇게 시작된 이 책은 마침내 에필로그의 완성만을 남겨두고
있다. 돌이켜보면 반스가 나의 온갖 질문을 열심히 뛰어넘어
대답해준 덕분에 3년 전 질문에서 꽤 높이 뛰어오른 답을 내놓
을 수 있었다. 지금은 평소보다 과격했던 운동을 끝마친 듯한
시원한 성취감을 느낀다.
소크라테스와 부처의 시대부터 인류는 '질문'과 '대답'에 따
라 발전을 거듭했다. 그리고 앞으로도 그러할 것이라는 점에는
의심의 여지가 없다. 앞으로 더욱 '질문'과 '대답'을 바탕으로
한 커뮤니케이션 능력이 뛰어난 사람들의 역할이 중요해지고
업종, 직종, 분야를 가리지 않고 리더십을 발휘해 활약할 수 있
는 장이 넓어질 것이다.
오늘날 '대답'은 '질문'보다 중요하다. 직장은 저마다 고도의
전문지식을 지닌 직원들로 채워져 있다. 즉, 한 팀에서 팀원 한

명이 어떤 분야에 대해 발언하면 나머지 팀원들은 그 발언의 이면에 있는 가정과 생략된 뜻을 이해하기가 쉽지 않다. 이제 필요한 정보를 제공하는 것만으로는 충분치 않은 것이다. 팀원 각각의 미시적인 목적과 거시적인 목적을 고려해 모두 충분히 이해하고, 원활한 대인관계를 형성하고, 팀의 실적을 극대화하려면 질문을 과감히 뛰어넘어 대답해야 한다.

'대답'의 의의는 물론 일에만 국한되지 않는다. 이미 초고령 사회에 진입한 일본은 20년 이내에 세 명 중 한 명이 65세가 넘을 것으로 예상돼 전 세계적으로 유례를 찾아볼 수 없는 심각한 초고령 사회에 직면할 것으로 보인다. 빠르게 혁신을 거듭하는 기술이 가져다주는 편의성을 젊은 세대와 고령자가 공유하며 나라를 이끌어야 한다.

그런데 얼마 전, 병원에서 진료를 받은 노인이 양로원으로 귀가하던 도중 사망하는 사건이 있었다. 일본에는 외출 시 타인의 도움이 필요한 노인을 위한 '간호 택시'가 있다. 병원 진료를 마친 뒤 택시회사에 전화를 걸 돈이 없었던 노인이 병원 측에 간호 택시를 불러달라고 요청했으나 거절당하자 3km나 되는 거리를 걸어 귀가하다가 사망한 사건이었다.

젊은 세대가 질문에 드러나지 않은 질문자의 요구까지 실현할 수 있는 '질문을 뛰어넘는 대답'으로 고령자를 도울 기회는

앞으로 무수히 많을 것이다. 낯선 사람에게 '옳은 질문'을 하는
것보다 훨씬 쉽지 않은가.

　마지막으로 하나 고백하자면, 2장에서 언급한 하버드대학교
교수 20명을 상대로 한 채용 면접은 나의 실제 경험담이다. 실
패에서 배우는 교훈이 값지다는 사실은 부정하지 않겠지만 여
러분은 언제든, 어디에서든, 어떤 상황에서든 자신감 넘치는
커뮤니케이션으로 빛났으면 좋겠다. 이 책이 당신의 눈부신 성
과와 '질문' 및 '대답' 사이에서 최대한의 결실을 얻는 데 조금
이라도 도움이 되었다면 그보다 더한 기쁨은 없다.
　지금까지 읽어주셔서 진심으로 감사드린다. 앞으로도 세상
을 더욱 살기 좋은 곳으로 만들기 위해, 함께 커뮤니케이션 능
력을 키워나가자.

2017년 4월 좋은 날에
간다 후사에